大语文

人大附中

主编 王艳

人大附中名师
亲笔范文与讲评

写好议论文

王强 著

中国人民大学出版社
·北京·

人大附中系列丛书编委会

刘小惠　李永强　王晓楠　周建华　崔艳阳
许作良　李　颖　于秀娟　钟兰芳　马　晴
梁丽平　徐　莉　卢海军　黄群飞　李　桦
张卫汾　王志鹏　胡继超　邹明健　佟世祥
吴　凌　吴中才　孙　芳　刘景军　刘永进
贺　新　闫新霞　梁月婵　闫桂红　张　帅
唐艳杰　彭　伟　冯树远　李作林　武　迪
陈　华　万　丹　赵有光

自序

作文一事，甚难。

其难，在于难得要领；难得要领，又在于难得范文。

所以，在作文教学中，有了好范文，很多问题就容易讲得清；没有好范文，很多问题就不容易讲得清。而且不少范文纵然在考场上得了高分，也总有些不尽如人意的地方。于是每次讲评作文，我都要高声强调：这篇作文这里是亮点，要学；那里是败笔，不要学。不过，总有同学一不留神，来一个"取其糟粕，去其精华"。

后来我读书得知，古代的老师有亲自写文章给学生作为示范的。于是打从多年之前起，我每逢典型的作文题，就择其所好，写一篇范文。我把一道题目应该落实的重点、应该使用的技巧、应该展开的思辨，统统用范文呈现出来，拿来讲评不仅得心应手，学生们也觉得看着明白、学着痛快。

当然，学生在成长，我也在成长。多年前写好的文章，后来看也颇为不满，于是又常常修修改改、缝缝补补，甚至推倒重来。"两句三年得，一吟双泪流。"从写作第一篇范文《论多数者的枷锁》，并在作文刊物上发表，到敲定本书最后一个章节，不多不少，刚好10年。

这种老师亲自写的作文，业界俗称"下水文"，意思是好比游泳教练亲自下水示范。但我总觉得"下水"二字令人联想到卤煮之类，甚为诡异。所以此书的副标题拟为"人大附中名师亲笔范文与讲评"，而非"人大附中名师下水文集",这个题目还是山妻教我使用 AI 科技所拟。我以为"亲笔范文"四个字,尽得本书的精华。

本书分为上下两编:上编论及若干写作中的难点、要点,其间结合我校的学生范文,或片段,或全文,或正例,或反例,自以为很值得一看;下编四类议论文写作示范,是 19 篇我的"亲笔范文"(加上上编两篇,共计 21 篇),几乎涵盖了近年常见的议论文题型。有审题的讲解,有构思的解析,还有此一类命题的规律总结,既可供初高中的同学们自学,也可供同仁教学参考。

因此,我从不认为作文是"玄学"。作文一事,自有其原理规律,也有其方法技巧。明其理,得其法,是一定能学得会、写得好的。古代有"金针度人"一说,意思是将秘籍绝技传授他人。我写这本书,正如同孔子所云"吾无隐乎尔",是无所保留的。希望读者能从中得到文字编织的金针妙法。

我平时写文章与班级、年级的同学分享,喜好署名"东海钓叟",因而书中凡是我本人的作文,署名保持一贯。所引用同学的整篇文章,署同学本人的名字。所摘引各种片段,或是反例,不便曝光,或摘自考场,姓名无由考据,亦不再署名。

是为序。

王　强

2024 年暑假于朝阳珠江帝景

目录

上编 | 议论文核心问题剖析

审题立意：找准写作方向 打开写作空间 / 5
  一、咬文嚼字 / 5
  二、分层思维 / 15
  三、搭建关系 / 19
  四、联系现实 / 22

段内论述：怎样举例子 / 28
  一、落实是论述的生命线 / 28
  二、给举例一点设计感 / 35
  三、加一点说理 / 40
  四、典型案例分析 / 44

巧用素材：提高例子的使用效率 / 54
  一、素材积累 / 54
  二、素材运用 / 63

谋篇布局：设计中心论点与分论点 / 71
  一、提出中心论点 / 71
  二、设计分论点 / 75

三、辩证性段落的设计 / 84

开篇设计：如何写好开头两段 / 93
    一、首段"引题" / 94
    二、第二段"承题" / 98

文章升格：找准文章提升的着力点 / 107
    昨日之我与今日之我（一稿） / 107
    昨日之我与今日之我（二稿） / 109
    昨日之我与今日之我（三稿） / 110

下编 | 四类议论文亲笔示范与讲解

概念类作文 / 134
    一、三段论式的写法 / 134
        说预判 / 138
    二、侧重价值分析的写法 / 141
        理性的力量 / 144
    三、挖掘概念的多层含义 / 147
        说"共享" / 150
    四、侧重怎么办的写法 / 154
        续航 / 157
    五、说理散文的写法 / 161
        舌尖上的"化"学 / 163

关系类作文 / 167
    一、相互补充的关系 / 167
        志气与争气 / 171

二、互补关系升格 / 174
　　规矩与天性 / 178
三、相互转化的关系 / 182
　　困局与新局 / 184
四、相互作用的关系 / 188
　　你和你站立的地方 / 191
五、侧重一方的立意 / 194
　　且借东风自在行 / 197
六、逐层推进布局法 / 201
　　人生何必登高处 / 203

观点类作文 / 208

一、单一式观点类作文 / 208
　　切莫沉沦风雨中 / 210
二、材料式观点类作文 / 214
　　微星的光芒 / 217
三、对举式观点类作文 / 221
　　"稻草定律"可以休矣 / 224
四、抓住观点中的关系 / 227
　　做勇于行走的人 / 230

现象类作文 / 235

一、明确评论的角度 / 235
　　飞入寻常百姓家 / 238
二、丰富评论的层次 / 241
　　不堪折算的善行 / 244

三、寓言类素材解析 / 248

  论多数者的枷锁 / 251

四、提升评论的站位 / 254

  走出文化传承的困境 / 257

附 录 作文素材"压缩包" / 262

  中国文化与中国人 / 262

  《中国文化与中国人》素材注解 / 266

上 编
议论文核心问题剖析

议论文的核心三要素是论点、论据、论证。

所谓论点，即文章的主张、观点；所谓论据，即用来证明此论点的证据；所谓论证，即拿着论据来证明论点的过程。

所以，写好一篇议论文的关键，我们可以笼统地概括为：拟好论点、选好论据、做好论证。

但是考场议论文，因为受到考题形式、字数要求、时间限定的影响，又有其特殊性。

比如，在拟论点的时候，我们不仅要考虑论点好不好，还要考虑论点合不合题，有无在限定篇幅、限定时间内论证清楚的可能；在选取论据的时候，我们可能还要考虑选取什么论据是更受欢迎的，更能体现本人语文学习的积淀，以及怎样安排论据才是最有效率的；而在设计论证的过程中，我们同样要考虑字数的限定，逻辑链不能无限延伸，要突出重点部分……

因此，当我们把三要素的问题具体化，就会发现考场议论文其实有四个关键：审题立意、谋篇布局、举例论述、语言表达。

首先，审题成为写作的重中之重，是关乎生死存亡、天字头一号的要紧事。审题不对，就会南辕北辙。准确的审题依赖于正确的思维路径。有的同学提笔即跑题，常常得到"总和别人想的不一样""爱钻牛角尖"等评语，其实就是思维路径出现了偏差。只有题目审得准，才能立意对；甚至说，只有题目审得细，才能立意深。

其次，所谓谋篇布局，就是如何安排文章的段落结构。谋篇布局是论证思维的具体呈现。我们写文章前拟提纲其实就是在谋篇布局。提纲虽然只有短短几行字，却是非常考验一位考生的逻辑思维、认知高度的。考场作文谋篇布局的难点就在于，在八九百字的篇幅中，既要注重段落层次的丰富性，又要注意突出重点。逻辑链要拉长，却不可以被稀释。简单来说，就是文章的思路要呈现一种适度的复杂。

再次，决定一篇文章基本面貌的，是举例论述，也就是文章论述段本身的质量。这里的看点就太多了。比如，我们举什么例子：例子不仅有对错之别，还有高下之分。同样的论述，有人例子高端大气上档次，有人例子干瘪平庸没内涵……还有如何使用例子：同样的例子，有人用对，有人用错；有人用得巧，有人用得拙。而我们平常的积累，主要就体现在这一部分。

最后，是语言表达。很多同学看到这四个字往往无奈一笑，毕竟"文笔"不仅是稀缺能力，而且极难速成。不过，这里我要强调，议论文的语言表达，绝不追求"文笔美"，而是追求"表达准"。表达的准确性是在遣词造句、反复锤炼中练就的。议论文是说理的文体，倘若说它美，那也应该是一种理性之美、精准之美。那种空有文笔、满怀深情的所谓"美文"，倘若没有逻辑，表达含糊缺乏准确性，也是不合格的。

本书的上编，将就以上问题予以讨论，很多更为具体的细节问题，将结合真实的样例为大家一一剖析。本书的样例，不仅有正例，还有反例。我本人是特别重视反例的，所谓"见不贤而内自省也"，反例能更清晰、更明了地呈现问题。进而正反比较，明确正误之所在，从写对走向写好。

审题立意：找准写作方向 打开写作空间

关于考场写作，古代人有句至理名言，叫作"文莫贵于尊题"。

考场作文，立意再高明，布局再精当，语言再优美，一旦偏题、跑题，便一切归零，立时沦为下乘。所以，考场写作的第一任务是读懂题意，明确写作的区间在哪里：什么问题一定要谈，什么问题一定不要谈。有的同学明明在考场外是爱写作、能写作的，但偏偏作文总拿不到高分，这往往是审题意识不强、审题思路不对所致。

从一方面来说，"题"的确对我们的写作提出了限定和要求；但从另一方面讲，"题"更是对写作的一种引导和提示。把题审对、审透，不仅能防止跑题，更能获得思路的启发，打开写作的思维空间。善于审题者，拿到题目不慌、不怕、不迷惑，并能够从题中得到写作的思路。简而言之，即"以题助我"，而不是"为题所困"。

这就要说到审题最基础、最重要的一种意识：咬文嚼字。

一、咬文嚼字

近年来，关于语文学习、作文学习的理念和方法层出不穷，有的强调素材积累，有的强调认识提升，有的强调逻辑思辨，皆可备一说。其实，语文最本质的东西永远是文字。对文字的准确理解和准确运用，永远是语文的第一能力。

因此，关于写，讲究四个字——遣词造句；关于读，也讲究四个字——咬文嚼字。

没有遣词造句的功夫，就做不到言辞达意，自己的什么文化积累、什么逻辑思辨，就表达不出来；而没有咬文嚼字的功夫，试卷上的文字、文章就读不懂，作文题干的关键字眼就抓不住，理解不透，无法有效地获取引导信息，写作也就不在点上。

所以，审题离不开咬文嚼字的意识。关于此，我想先从《红楼梦》后四十回的一段文章说起。很多人读《红楼梦》，往往不屑于读八十回之后的内容。其实，八十回之后也有不少有意思的东西。比如贾政检查、点评贾宝玉的"作文"，倘若我们从学习议论文的角度来看，就很有趣味，也很有启发。

闲言少叙，且看第八十四回"试文字宝玉始提亲 探惊风贾环重结怨"：

> 贾政翻开看时，见头一篇写着题目是《吾十有五而志于学》。他原本破的是"圣人有志于学，幼而已然矣。"代儒却将"幼"字抹去，明用"十五"。贾政道："你原本'幼'字便扣不清题目了。'幼'字是从小起至十六以前都是'幼'。这章书是圣人自言学问工夫与年俱进的话，所以十五、三十、四十、五十、六十、七十俱要明点出来，才见得到了几时有这么个光景，到了几时又有那么个光景。师父把你'幼'字改了'十五'，便明白了好些。"看到承题，那抹去的原本云："夫不志于学，人之常也。"贾政摇头道："不但是孩子气，可见你本性不是个学者的志气。"又看后句"圣人十五而志之，不亦难乎"，说道："这更不成话了。"然后看代儒的改本云："夫人孰不学，而志于学者卒鲜。此圣人所为自信于十五时欤。"便问："改的懂得么？"宝玉答应道："懂得。"

贾宝玉的第一篇作文，是"吾十有五而志于学"。古代的八股文是从"四书"中出题，从"四书"中抽出一句话、一个词，作为作文的题目。"破题"，即点破题意，有点类似我们今天开头亮明观点。贾代儒为何将"幼"字抹去，改用"十五"呢？因为孔子原话说的是"吾十有五而志于学，三十而立，四十而不惑，五十而知天命，六十而耳顺，七十而从心所欲不逾矩。"按照贾政的解说，孔子强调的是人生成长中几个关键的节点，"十五"就是"十五"，不是十四，也不是十六，用一个"幼"就模糊了。

这使我想起2020年北京市全市适应性模拟考的一道作文题：

> 《三字经》里说："养不教，父之过。教不严，师之惰。"
>
> 这些话引发你怎样的思考？写一篇议论文，阐述你的观点和看法。

很多同学看了此题，撇开《三字经》这句话的具体内容，大谈家庭教育和学校教育各自的重要性。实际上，我们应该先论一论"养不教"是不是"父之过"，"教不严"是不是"师之惰"，在此基础上加以引申。抛开具体的这句话，去空谈宏大问题，就和贾宝玉一样，把话题给模糊了。

还有一题我在本书下编观点类作文中会细说，这里我们先简单来看看：

> "有些人能感受雨，其他人则只是被淋湿。"
>
> 对这句话你有怎样的思考？请自选角度，自拟题目，写一篇不少于700字的议论文。
>
> 要求：论点明确，论据充实，论证合理；语言流畅，书写清晰。

有的同学不经细想，就写了一篇"在生活中发现美"，这是没有理解题干中的"雨"比喻的是苦难、不幸，没有在整句话的语境中来理解"雨"。还有的同学想当然地写了一篇"我们不能坐以待毙，要去战胜苦难"，可是，题干中的"感受"可以解读为"战胜"么？"感受"强调的是思考、理解、回味这些认识层面的东西，并不强调行动，这就是在泛化地理解概念了，觉得差不多是这个意思吧。以上的问题，都是对关键的字眼理解模糊造成的。

我们再来看贾宝玉的第二篇作文：

> 又看第二艺，题目是《人不知而不愠》，便先看代儒的改本云："不以不知而愠者，终无改其说乐矣。"方觑着眼看那抹去的底本，说道："你是什么？'能无愠人之心，纯乎学者也。'上一句似单做了'而不愠'三个字的题目，下一句又犯了下文'君子'的分界。必如改笔才合题位呢。且下句找清上文，方是书理。须要细心领略。"宝玉答应着。贾政又往下看，"夫不知，未有不愠者也，而竟不然。是非由说而乐者，曷克臻此。"原本末句"非纯学者乎。"贾政道："这也与破题同病的。这改的也罢了，不过清楚，还说得去。"

贾宝玉的这句破题"能无愠人之心，纯乎学者也"，贾政指出两个问题：一是"单做了'而不愠'三个字的题目"，就是仅仅解释了"不愠"，而忽略了对"人不知"三个字的解读；二是"下一句又犯了下文'君子'的分界"，即跑去解说了"不亦君子乎"这句，这一句虽然在《论语》原文中紧接着"人不知而不愠"，但是在此题的题干中是没有的！因此，贾宝玉的问题在于，题干的意思没有阐发完整，同时还偏离题意，跑去讨论与题干无关的内容。我们再看贾代儒的改稿，上句扣住"人不知"，下句扣住"不愠"，不多不少，严丝合缝。

如同前文所说，审清题目，就是要想清楚什么一定要谈，什么最好不要谈，搞清楚写作的边界。当然，今天的考试远不如当年的八股文严苛死板，但是这个边界意识我们还是要有的。比如刚才所说的"三字经"那道题，很多同学在谈家庭教育、学校教育之余还要去谈社会教育，好像考虑得很全面，实则和贾宝玉一样写"出界"了。

我们再来看宝玉的第三题写得如何：

> 第三艺是《则归墨》，贾政看了题目，自己扬着头想了一想，因问宝玉道："你的书讲到这里了么？"宝玉道："师父说，《孟子》好懂些，所以倒先讲《孟子》，大前日才讲完了。如今讲'上论语'呢。"贾政因看这个破承倒没大改。破题云："言于舍杨之外，若别无所归者焉。"贾政道："第二句倒难为你。""夫墨，非欲归者也；而墨之言已半天下矣，则舍杨之外，欲不归于墨，得乎？"贾政道："这是你做的么？"宝玉答应道："是。"贾政点点头儿，因说道："这也并没有什么出色处，但初试笔能如此，还算不离。前年我在任上时，还出过《惟士为能》这个题目。那些童生都读过前人这篇，不能自出心裁，每多抄袭。你念过没有？"宝玉道："也念过。"贾政："我要你另换个主意，不许雷同了前人，只做个破题也使得。"宝玉只得答应着，低头搜索枯肠。

"则归墨"这道题我要解释一下。此题出自《孟子》，原文是"天下之人，不归杨则归墨"。是说当时天下的学说主要是两大派：杨朱学派和墨家学派。杨朱学派主张自私，墨家学派主张兼爱。在孟子看来，都是有所偏颇、有失中正的。科举考试一直在"四书"里出题，到了后期，整句的题就不好出了，开始出一些莫名其妙的半截题，因此这道题"则归墨"实际上是以孟子的半句话作为题目。这一回，题虽然难，贾宝玉做得却好，得到了贾政的肯定。宝玉这次作文的亮点就在于抓住了这个"则"字。"则"强调非此即彼，贾宝玉据此而阐发出时人信奉墨家，并非真心认同，而是除了杨朱，再没得可选。可见，宝玉终于是精进了。

题目中有些字是需要细品的，品出其深层意蕴。我们写过一篇题目为"找回清风明月"的作文。大部分的同学当然能抓住题目中的核心信息"清风明月"，去思考什么是"清风明月"，"清风明月"的意义是什么。在此之外，我们还应该仔细体会"找回"二字的意蕴。"找回"不等于"找到"，一个"回"字说明我们本来是有的，只是后来丢了，因此我们不妨先分析分析"清风明月"为什么会丢。而一个丢失在过去的东西，我们为什么需要它"回"，这就牵扯出"清风明月"和当下的关联。

经过上面的分析，我们可以总结出这样一些审题的经验：

（1）题目中的任何信息既不可丢掉，也不可模糊理解。

（2）写作要扣住题目本身，重心不要偏到题目之外。

（3）对于题目中的关键字眼，要认真思考其内涵，体会其言外之意。

咬文嚼字，不仅有利于审题的准确性，还能帮助我们得到更多的思路启发。且看下面几个案例。先来看第一个题目：

> 预判未来天气为人类提供了诸多便利，"走一步，看三步"是棋手常念的口诀，赛场上精准的预判会带来漂亮的回击……
>
> 请以"说预判"为题，写一篇议论文。
>
> 要求：论点明确，论据充实，论证合理；语言流畅，书写清晰。

下面是三位同学在此题中解释概念的段落：

生甲："预判"即一种超前思维，它可以供人们在生产生活中有预见性地参考，促使事物向好的方向发展。

生乙：什么是"预判"？预判者，预测、判断也。预判并非准确地、丝毫不差地预言未来，更非毫无凭据地信口胡言，而是人们根据已有信息与自身过往积累的经验而做出的大概率命中事实的较为准确的推理。

生丙：何为预判？"预"即提前、事先，其包含着个体主观能动的目的性与自觉选择性，是"事未生而先决"的预知能力，是"由小见大、见微知著"的敏锐洞察能力、卓越的分析能力与远见卓识；"判"即做出判断，做出选择，是有实质性动作和结果的主观"判定"。因此"预判"是先于他人一步进行的思维活动，并得出一定的思维结果。此处的"预判"并非充满玄学意味的"预知"，也并非综合所有已知得出必然结果的"判决"。

生甲显然没有咬文嚼字、细细分析的意识，他无法分析出"预判"的种种特性，只能将其作为一个囫囵的整体，在下了一个定义之后就无话可说。而生乙则掌握了一种解析概念的表达套路：并非……，更非……，而是……。在此复合句式的加持下，较之生甲，确有高明之处，议论更显饱满，讲出了"预判"一词的一些特质。而生丙更具有咬文嚼字的意识，从"预"和"判"两个字的内涵分别出发，分析出"预判"的两方面特点，最后收束为一。

当然，这并不是教大家每每拿到一个题目就机械地拆字、拆词，咬文嚼字的原则是不变的，但角度、形式、方法是灵活的。拆字只是一种形式而已，生搬硬套，弄巧成拙就不好了。

请大家再看一题：

> 丹麦设计师瓦格纳设计的"Y型椅",既汲取了中国明式圈椅外形和意蕴的精髓,同时又体现了北欧设计的简洁思想。中国味与北欧风的完美融合,使得"Y型椅"成为现代家具设计中的经典之作。从美洲传到中国的辣椒,最早只是被当作盐的代替品。后来中国人创造出了许多"辣味十足"的美食,辣椒成为中国烹饪的重要食材。而今,有些"辣味十足"的美食已经跨出国门,走向世界了。
>
> 由此可见,不同的文化可以相互借鉴、融合、发展。
>
> 请以"文化互鉴"为题目,写一篇议论文,谈谈你的认识和思考。

这题题干虽然长,话题却非常明了,就是"文化互鉴"。不知大家看到这个话题有何想法?很多同学看到这个话题,很快想到了这样一个论点:"不同文化互相借鉴、互相学习,取长补短,共同发展"。然后再没别的内容可聊,只好颠来倒去,正反论说。最后提醒读者在互鉴中要注意"取其精华,去其糟粕"。真可谓千篇一律!

还能有别的立意么?我们看这位同学写的:

> "鉴"在古代指镜子,也指照镜子的动作。文化的互鉴,也正如照镜子一般。两种或多种文化通过互相仔细观察并揣摩,来找出自己的文化所缺失的部分,也能对自己文化的独特之处有更深的认识。譬如近代盛行的中西文化比较之论,梁漱溟先生就曾经指出:西方文化重物质,中国文化重人文,印度文化重宗教。由此彰明了中国文化的特质。一个国家只有认清了自身文化的优点与不足,才能够判定出今后发展的切实计划,并真正付诸实践。文化互鉴,首先使我们认清自己。

这位同学仔细思考了什么是"鉴"。"鉴"者，镜也。我们以他者为"鉴"，就好比照镜子，首先不是看到对方，而是先看到自己。我们在"文化互鉴"中，第一层收获并非取长补短，而是更好地认识自我。这一层立意，非咬文嚼字而不能得。因此，新意不是往题外求，恰恰是要往题目里挖掘。

我曾经以"德"为话题，布置过一次写作练习，有这样一份习作颇为优异：

仰望道德的星空

中国人民大学附属中学　毛子兮

孟子说："生亦我所欲，义亦我所欲，二者不可得兼，舍生而取义者也。"然而，当我们的目光转向切身，在道德的感召和利益的诱惑之间，又难免心生动摇。这就要我们去思考：何为道德，以及为何要坚守道德？

须知，"德"本不是身外之物。"德"字以"心"为底，象征其根本在于我们那一颗光明的本心。"德"既不是法度规定，也不是社会契约的约束力量，而是由人先天的"善端"生长扩充而来。正如孟子说，我们对落井的孺子心生恻隐乃至施以援手，既不是要"内交于父母"，也不是为了"要誉于乡党"，而是源自内心道德的驱使。

尽管如此，践行心中之"德"却有难度。都说"德"即为"得"，以德行事，似乎理所应当有其回报。然而事实却并非如此理想。以谦为德，或损其名；以让为德，或失其利。甚至还有如屈原者，正道直行，却"信而见疑，忠而被谤"。我们在历史中，看惯了遵从道德却无所得，甚至有所失的悲剧。那么古之仁人志士何以坚守道德？

当王安石面对着排山倒海的质疑与怨声时，他说："度义而后动，是而不见可悔故也。"无愧内心、坦荡从容，这正是追求道德所带来的最大的收获，也是支持我们坚持在这条道路上的最有力的理由：名与利不曾真正被谁长久地掌握，但精神上的满足与安宁将伴我一生。孔子说："君子坦荡荡，小人长戚戚。"可知，守德之得，亦在心而已。

作为当下的普通人，坚守道德，或许与家国兴亡、舍生取义等宏大命题无关，却也意义非凡。交通纷争时相互礼让、向困难之人伸出援手、网络中抵制网暴理性发言……星星之火的举手之劳，不仅或可推动社会风气的进步，更可使我们的内心获得一种满足，那样一种因顺应了我们心中的良知，进而"若火之始然，泉之始达"，使得"吾心始快"。

康德曾经说过："在这个世界上，有两样东西值得我们仰望终生：一是我们头顶上璀璨的星空，二是人们心中高尚的道德律。"以德行事，或许时遭艰难困苦，但因有前人经历的指引与鼓舞，我们并不迷茫。正如孔子所说："德不孤，必有邻。"我希望有一天，能有更多人超越世俗与物质，看到坚守道德而收获的精神价值，共同仰望一片灿烂的星空。

"德"这个话题恐怕是老生常谈了，很多同学写作此题，下笔多套话、空话，而毛子兮同学的这篇作文却能做到言之有理、言之有物。首先，她从"德"的字形出发，从"心"入手，牵出"德"的内在性。接着，又从字音出发，联想到"德"与"得"的关系，得出"德之得"在精神不在物质这样的妙论。从伟大人物坚守道德的动机，说到普通人坚守道德的意义，条理清晰，层次井然。本文写作成功的关键，就在于抛开一种以空对空、漫天胡写的错误思维，踏踏实实从咬文嚼字入手，找到说理的生发点。

二、分层思维

读到这里，有的同学会说："我知道要咬文嚼字了，但是我嚼不出东西怎么办？"有了一种意识，不一定就有这种能力，千言万语一句话：得练！不过，我们总要找一些解决问题的方法，让问题有抓手、可解决。这里就要说到一种重要的方法：分层。即挖掘概念的多层含义。

很多概念，它的内涵是有多个层次的。倘若我们只看到一个层次，思路自然是打不开的。或者说，很难写出和别人不一样的文章。有的同学理解概念就和词典解释词条一样，一句话下完定义，再没别的话讲。这时我们就要追问，这个概念有几层内涵？有几个要点？有哪些特质？如果能把概念的层次剖析开来，文章就会有话可说。

比如本书后文要讲解的"说'共享'"，"共享"一词即包含"共用"和"共有"两层内涵；又如"论担当"，可以把"担当"解析为"当（敢于面对）＋担（勇于承担）"两层要点；再如北京卷的"学习今说"，单从《论语》中关于学习的论述来看，学习就应该包含"学（识记）、思（思考）、习（实践）"三重内涵。

如此思考，我们还会觉得无话可说么？

请看下面这两个作文片段：

> 这个世上有两种"安"：一曰"小安"，即只求个人之安定、安逸的为己之安；一曰"大安"，即心系安家立业、安邦定国的为民之安。为己之"小安"固然不失为一种生活态度，但私以为，唯有追求"大安"者才可为济世之才，才可获得真正的心安。
>
> ——《说"安"》

而就像古人对土地的依恋，我们在生活中也在不断追求着"安"的境界。在这其中，最基础的一点便是身安。房价飞涨、楼市泡沫不破、二手房紧张的今天，为何还有那么多人宁愿为自己背上重重的贷款也要购得一间屋舍？人才市场庞大，优秀职位短缺，为何还有如此多的人拼命拿着简历四处奔波，以求一席之职？确定的居住之所、稳定的收入，人们费心费力追求的其实就是最基本的"身安"。身安是独立个体在社会上生存的基本保障，给予人们面对生活中艰难险阻的魄力与勇气。若非这层根基，许多人的生活便会落回原始人那种饥一顿饱一顿的状态。困于生存窘境，人们离舒适美好的幸福生活便愈来愈远。因此，扎根于人们内心深处千万年来的首先是身安。身安是说有安稳的住所、足够的吃食即可，生活并不需要过多修饰。

然而，当我们环顾四周衣食富足的人们时，仍会发现安宁之态的罕见。这是因为想要追求幸福的生活，身安是不够的，更重要的是心安。《大学》中讲："知止而后有定，定而后能静，静而后能安"。我们可知，心安的原因是心定，只有心神平定，我们的内心才能安于所处的环境，由此方可细致地体察身边所发生之事，用心体验生活中的酸甜苦辣。现在人们心浮气躁，不能满足，恰恰在于心不安，总是被各类事物牵连、干扰。总在生活的表象中沉浮，就很难心安，于是开始活在或过去或未来的其他世界中，便难以脚踏实地。因此那些提前交卷、口放厥词的林欢们、那些开始出名便狂傲起飞的宁泽涛们的行为便得以解释。与之相反，若是心安，颜渊般陋巷的生活也蕴藏着繁花般的美。圣人如此，我们自然也要尽力"心安"了。

——《说"安"》

以"说'安'"为题,前面这位同学将"安"从"小安"与"大安"两个层面解读,后面这位同学将"安"分为"身安"与"心安"两个层次,两人都能从两个层次来认识"安"。如此一来,不仅丰富了"安"的内涵,文章的构思布局也因此有了依托。

很多时候,我们用关键字多造几个词,用关键词多造几个句子,回到平常的语境中,就能发现概念的多重含义。曾经我们以"杂"为话题,要求写一篇议论文,题目如下:

> "杂"是一个内涵丰富的词。有人认为世界很大,人生很长,"杂"一点很好,有人却不以为然。
>
> 你对于"杂"有怎样的思考与认识?请联系生活、科学、文化、艺术,以"杂"为话题,自选角度,自拟题目,写一篇议论文。
>
> 要求:论点明确,论据充实,论证合理;语言流畅,书写清晰。

这里,很多同学对"杂"的理解局限在了多元、广博、不单一这一层面。比如曲艺界有句老话说:"相声演员的肚是杂货铺。"就是在强调相声演员、文艺工作者的知识要驳杂一些。譬如下面这段文字的立意:

> "杂"自然有"杂"的益处。它意味着多元,意味着差异。看些杂书、听写杂言、去些杂处,我们因而能看到多样的生活方式,在不同的人和事中建立新的认知,从而开阔自己的眼界,避免闹"一叶障目"那样的笑话。我们都知道事物皆有其多面性。而从"杂"处打开了双眼、提升了认知,我们也更容易做到客观、多角度地看待问题、看待世界、看待人生。清朝女诗人郭六

芳曾说自家的风景是"十二珠帘夕照红",但在家中闲坐多年,她却从未留意过如此美景。而外出游历,见过大千世界,经受"杂"的洗礼之后,她才"始知家在画图中"。有了"杂"的帮助,我们得以换个角度观察原本熟悉的事物,往往能从中寻得新的体悟。而这种认知的提升,恰是"杂"为我们带来的。也难怪古人要叹上一句"兼听则明"呢!

该同学论述了"杂"对人认知方面的启发,写出了"杂"的一层内涵。不过,"杂"还有另一层内涵。当我们在说"杂学""杂书""杂粮"这些词的时候,"杂"强调的是非主流、不重要、偏门这些特点。比如鲁迅的塾师寿镜吾的儿子曾回忆说:"鲁迅往往置正课不理,其抽屉里小说杂书、古典文学,无所不有。"这里的"杂",是指课外的、主流学业之外的。据此,我们就可以发掘出一些新的立意:

> 从某种意义上来说,"杂"的背后是这样一种心态:不急于求成,不骛于事功,是一种轻松淡然的心态,享受多彩生活的充实与快乐。号称"顽主"的王世襄先生,一生都在收集玩物,玩的东西杂七杂八、五花八门,粗算就有蟋蟀、鸽子、大鹰、獾狗、撂交、烹饪、火绘、漆器、竹刻、明式家具等。有人戏称他玩物丧志,然而他却实实在在地"玩物成家"。梁启超劝其子梁思成应在课业之外广博地发展兴趣爱好,以免所学太专,如此便人生单调而无味了。因此,在完成"主业"之余,我们不妨看点杂书、做点杂事、学点杂学,放松自己的心情,开阔自己的眼界,快乐自己的人生,不至于成为忙忙碌碌、不知所之的"工具人"。

从"杂"的第二层内涵出发,就可以发掘"杂"超越功利层面的意义。文章也就有了更多可写、可谈的内容。

三、搭建关系

后文我们将说到专门有一类作文，被称为"关系类作文"，比如"读书与成长""仰望星空与脚踏实地"。但这里的"搭建关系"，不是针对关系类作文而言的，而是一种启发写作方向的技巧。

万事万物没有孤立存在的，一切都处于联系之中。我们对很多问题的认识，恰恰是对某一种关系的认识。所以，当我们面对一个题目没有思路的时候，不妨找找题目中或显然、或隐藏的关系。譬如上文所说的"杂"。拿到"杂"这个题，面对"杂"这个字，无话可说的时候怎么办呢？这时不妨想一想："杂务"和"主业"的关系、"杂"和成长的关系、"杂"和人类社会发展的关系……如此就找到了下笔的切入点。

再如 2022 年北京卷高考作文题"学习今说"：

> 古人说，"学不可以已"，重视学习是中华民族的优良传统。在当代中国，人们对学习的理解与古人有相同之处，也有不一样的地方。
>
> 请以"学习今说"为题目，写一篇议论文。可以从学习的目的、价值、内容、方法、途径、评价标准等方面，任选角度谈你的思考。

这道题看似不存在关系，但是仔细想想，这个题目中难道不是涉及"学习"和"今"的关系么？从关系的角度来看，这道题就有以下的写作方向：

今天的时代对我们的学习产生了怎样的影响？
今天的时代对我们的学习提出了怎样的要求？
我们在今天这个时代，应该如何重新界定学习的内涵？

今天的学习和过去的学习有何不同之处？又有何共通之处？

北京市海淀区高三模拟考试曾出过这样一个题目：

> "十四五"开局之年，某媒体开辟了"中学何为"这一专题，请你围绕"中学应塑造什么样的人"这一话题，写一篇文章，参与讨论。
>
> 要求：身份自定，角度自选，题目自拟，观点正确，以理服人。

面对这道题，很多同学写作中容易欠考虑，上来先明确中学应塑造什么样的人，比如说爱国的人、理性的人、有道德的人等等。接下来就开始分析这种品质的必要性，比如人为什么要爱国、为什么要理性。其实，此题中存在着一个关系，即"中学"和此种品质的关联。我们应该去分析，为什么是"中学"，而不是小学、大学，需要塑造这种品格。所以，此题写作的关键，就在于这个关系的构建与分析。为此，当年我特地写了一篇示范文章，以便同学们清楚理解这个问题。

不器之人 立德之心

东海钓叟

中国古人说："终身大计，莫如树人。"今天我们则思考教育应"培养怎样的人"。我想，无论古代与今天在具体的教育理念上有何分歧，其教育的终极指向则未必不同，那就是人的成长。不错，教育的最终目的在于育人，而中学阶段的教育则于人的思维、品格的塑造尤为重要。

那么，何为"中学"？中学者，小学之升华，大学之准备也。所谓小学之升华，不惟所学知识难度的提高，更在于独立思想、独立人格的逐渐养成，他须思考人生往哪里去，生命该怎样活；所谓大学之准备，也不惟分数的准备、基础知识的存储，更是眼界的打开，心胸的扩展，以拥抱更为丰富饱满的人生。

所以，中学首先应塑造通达博学、思维开阔之人。两千多年前，孔子说"君子不器"，即人的读书与学习，绝不应止于掌握某一种知识技能，从而局限自己的思维。以教学之广度而言，今日之各学段，实无过于中学者。中学学科之设计，涉猎古今，兼顾文理，包举中外，实乃一种通识的教育。所谓知天地之大，方有心之所向；明学问之博，才有行之所之。中学阶段的博学审问，一方面，能使学生找到志向所在，为未来大学的专业选择提供更开阔的视野；另一方面，更使学生窥学问之全体，养成一种通达活络的头脑，使得学科之间彼此启发，不至于在日后的专业学习、职业发展中为思维的定式所束缚。

此外，中学的教育，还应注重品格的塑造。唯其思维的开拓方能立业，而唯有品性的养成才能立身。中学阶段是价值观形成的阶段，人生走向端正与否实多关系于此。古人云："行有余力，则以学文。"可知品格的养成犹在学问之上。何哉？盖学问所关乎的是学什么、怎么学，而品格所关乎的是为什么而学、学了干什么，它决定一个人的终极去向。譬如横渠四句教："为天地立心，为生民立命，为往圣继绝学，为万世开太平。"其教，正在品格的树立。彼之担当与豪迈，今日仍令人动容。所以，我们今天的中学教育，万万不可以止于知识的传授。"君子去仁，恶乎成名？"我们唯有塑造中学生以高尚的品格，这莘莘学子才能走一条光明的人生路。

道理固然如此，然而中学的教育，因其教学任务的繁重，考试升学的压力，偏偏容易于思维的培养、道德的陶冶上有所怠慢。譬如今日的某些中学，错把知识的灌输认作教育的目的，把考试之分数当作教育的成果。其结果，一是把一个活泼泼的孩子塑造成做题的达人、考试的专家。如今网络上"小镇做题家"的说法，不正是一批学子步入大学、走进社会后的自嘲吗？二则是培养出一批功利主义的信徒，把为自己谋利益看作学习、考试的唯一目的，正如北大钱理群教授所称的"精致的利己主义者"，曰修身曰报国者，则群聚而笑之。实则是今日教育的歧途，盛世的危局。

所以，中学的师生，须知解题之上还有知识，知识之外还有眼界与智慧，眼界与智慧之中还有品格道德的挺立，时时把握立德树人的宗旨。故而中学应塑造怎样的人？曰：不器之人。应涵养怎样的心？曰：立德之心。

文章中请大家注意的有两处：第一，文章第二段，把中学和小学、大学做比较，点出中学的特点；第二，在此基础上，下文论述中学与"不器"和"立德"之间的关系，即为什么中学阶段要培养这两种品质。此题只有把握住关系，才能论到点儿上。

四、联系现实

很多同学面对一些作文题时，总是说一些陈年老话，空空洞洞，毫无营养。问之，则曰："无话可说。"比如"读书与成长""说'争'""论真诚"这一类话题，貌似毫无创新的余地，找不到发挥思辨的空间。此时，我们不妨问自己：2024 年写这个题目，和 1924 年、1824 年写这个题目，将有何不同？我想，以上任何一个话题，在 1924 年、1824 年，乃至公元前 24 年，其内涵、意义皆有不同之处，这就是我们思考的切入点。

且看下面这两篇《论担当》的开头：

说起"担当"，我不由得想起最近走红网络的"佛系青年"。

"佛系"听起来似乎有些超凡脱俗的意味，但其实只是一种"关我何事"的生活态度，在阵阵"佛风"的影响下，越来越多的人以"佛系青年"之名心安理得地过着没有担当的生活。若长此以往，人人都不再主动承担自己的社会责任，那么我们所处的环境也将失去发展的推动者，从而在黑暗之中迟滞不前。

——《论担当》

早自顾炎武的"天下兴亡，匹夫有责"，担当精神已然在我们这个泱泱大国的民众心灵中流淌了若干年。时至今日，重提起担当，在知识分子群体中尤为关键。担当精神是知识分子应有、文化传承急需的宝贵财富。

知识分子在当今社会，理应大有可为。传统文化的失落、信仰生活的贫瘠，无一不在号召着他们投身于这场"救民"运动中。然而，事实却并非如此。我们看到大量的学者出席各种名目的论坛，在会上互选为大师，让这个缺乏大师级人物的当今多了空前的"学术气氛"；各种出版商联手媒体和作者推出"畅销书"，让作为文化传播手段之一的阅读退化成了大众狂欢。他们不曾担当那本是其要务的文化重任，却沉沦于物利追逐中，实在令人扼腕。

——《论担当》

"论担当"这个题，看似简单实则难。它的难，不在于逻辑复杂、内涵深刻，使人无法理解，而在于过于熟悉、指向模糊，使人无话可说。而这两位同学，则机智地从现实现象入手，为这个老而空的话题找到了新而实的切入点。第一位同学，联系当时网络热议的"佛系青年"一词，从青年人安身立命的话题入手；第二位同学，则联系当下文化界的一些乱象，指向知识分子的担当。这就避免了泛泛而谈、以空打空的毛病，使得文章言之有物，在考场上脱颖而出。

我们都知道，写文章要联系现实。不过很多同学对"联系现实"的理解，就是在行文结尾的地方，硬生生地把话题往所谓现实问题上牵扯一下。当然，有比没有好。不过，我们更希望的是，在动笔之前，即有一种关联现实的思考，将题目中所给的话题主动带入现实情境中加以思考，在文章中真分析、真讨论，写出实实在在的现实意义。

请看下面这道题目：

> 一题或有百解，人生时存殊途。先秦时期礼崩乐坏，诸子为求社会安定，开出了不同的"药方"；身陷匈奴远离汉廷时，李陵弃节，苏武守节，两人走上了不同的道路。
>
> 请以"殊途"为题，写一篇议论文，不少于700字。
>
> 要求：论点明确，论据充实，论证合理；语言流畅，书写清晰。

这道题的材料给了两组古人的事例，一为先秦诸子，一为苏武、李陵。但是我们写作中就古论古，大谈古人的"殊途"就没什么意思了。譬如下面这段论述：

> 殊途，是由决定者背后的价值取向与行事准则决定的。在同一目标下，对世界的不同观照取向决定了方法论的各异，使人或踏遍青山穿花寻路，或缘溪漫步迤逦前行。殊途上的旅人共同拼凑出世界的缤纷；不同的路相互交叉、彼此借鉴，便得到了新的机遇。先秦之时礼崩乐坏，何以安天下而济万民？道家相信道法自然，主张无为而治；儒家向往天下为公，强调选贤与能；加以墨子的兼爱尚贤，许行的修饉救荒……这些为求社会安定开出的

不同"药方"相互影响融合，最终得以"同归"，铸就了"霸王之道杂之"的大汉风度，让中华取精华而化万生，在颠簸历史中持久盛开。四方馆的包容尊重，铸就了千年来的协和万邦、天下大同。反观后世的统治者过分追求同一、否定殊途，于是但尊儒术、专攻八股的严重同质带来科教事业的枯萎，沙哑的喉咙再也唱不出盛世的大音。

这位同学的文辞当然通达优美，说理当然透彻到位，不过却缺乏一点时代气息。换句话说，没有写出 21 世纪"殊途"的独到价值来。我们再来看这篇文章：

殊　途

中国人民大学附属中学　曹朝临

当今世界较之以往不可谓不多元丰富，这样的社会也本应为我们展现更多人生的路途。但我们是否真的看到了这些机会以及多样格式的前进方向？当我们站在多条道路的汇合口又该如何选择？这都要求我们清晰认知"殊途"之要。

明晰"殊途"之要，先需明确"殊途"之意。"殊途"二字从表面来解就是不同的道路，它不仅是一题百解这些务实意义上的"殊途"，也是人们不同的思想火花、价值追求以及人生前进道路这样务虚意义上的"殊途"。但无论怎样，"殊途"意味着人们不同的思维认识，选择走上不同的道路则取决于人们不同的价值追求。

见诸当下，在功利的价值引领下，人们忽视大时代给予我们的多样的可能性以及广阔的选择空间，我们对成功人生的追求可能更加单一，进而加剧在同一"赛道"扎堆比拼的现象。如此想法固然有其来处，但若人们都拥挤在单一的"通途"之中，忽视乃至鄙视"干路"之外的"殊途"，就会致使整个社会陷入焦灼，我们身心也愈加疲乏。

反观高考状元钟芳蓉，即使网友们一再劝说她去走"经济管理"这类热门且"性价比"高的道路，但她仍然选择报考北大考古专业，只因为这是一条能够让钟芳蓉去追随内心梦想之路；中科院博士周胤放弃科研而去当一位中学老师，在旁人眼中这样的选择是屈才、是浪费，但周胤不这样认为，"做科研不是我想要的生活"。在搞科研这条路上，他只是尽力完成应做的任务，于是他选择走上自己有浓厚兴趣、真正适合自己的路。只有我们正确认识了"殊途"，才能看到大世界为我们提供的广阔大平台，才能窥见不同的人生道路，而非一味执着于一个单调的前进方向。

　　不过，殊途不等于歧途。网络社会不乏造谣博取眼球、生事吸引流量的行为。这是因为网络红人们只有狭隘的短期追求，从而剑走偏锋，身涉险径，这样的道路终将受到社会道德的谴责甚至法律的惩罚。但也有很多博主在记录着社会的正能量与感人时刻，他们选择的这条路或许在一定时间内无法获取暴利，却能让他们行稳致远，于己于社会皆颇有益处。所以，当下的我们，走哪一条路，还要问问自己的本心和良知。

　　总而言之，只有社会正视"殊途"，肯定其存在价值，我们的人生才具有更多可能性，这个社会才有了多元发展的基本条件。同时，还需要正确的价值观对人们选择路径的引领。我们只有树立正确的义利观，才不会歧路亡羊，走错人生的道路。

　　从文辞表达上来说，这一篇不如刚才那一段。但若从言之有物、有现实意义的角度来说，此篇更为优胜。本文开篇即点出当下时代"多元丰富"，把"殊途"置于这一背景下展开讨论。最有亮点的段落即第三、四两段，先分析当下社会对"单一赛道"的偏执与焦灼，继而引用两个事例，表明选择"殊途"的可贵。接下来论述"殊途不等于歧途",又能结合当下网络问题,显得很有针对性。总而言之,本文将"殊途"写出了时代色彩,谈了真问题,讲了真道理。

  本章收尾处,我想提醒大家,审题从来不是简单片面的"阅读题目",审题是一个系统而复杂的工作。完整的审题,既要读懂题意,明确题目的写作边界,又要从题目中获取构思立意的启发,找到写作的方向,打开写作的空间。因此,审题与立意密不可分。本篇虽然只在书中占有很小的一个篇幅,但审题其实是贯穿作文学习始终的。从审不懂,到审得对,再到审出深意、审出新意,乃至于审出言外之意,可谓"路漫漫其修远兮"。

段内论述：怎样举例子

一、落实是论述的生命线

倘若问我，写议论文当从哪里练起，我说：一定是从论述段练起。所谓论述段，就是作文主体论述部分中的一段，即对一个分论点的论述。一篇文章除却开头、结尾，以及铺垫性、过渡性、总结性的段落，一般还要写2~3个主体的说理段落。这2~3个段落，决定了文章的基本面貌。这2~3段写得扎实，文章就立住了；写得不扎实，文章就有"扑街"的风险。

论述如同习武之站桩。有不少同学，论点不可谓不奇妙，立意不可谓不高远，但是论述段写得不扎实，关键的要点没有落实，那么文章就不过是花架子而已。所以，平时我们练习写作，可以多做论述段的练习，省时省力又有效果。

论述的实质，是结合事例，证明你本段的观点。一个论述段，"观点"是其核心所在。必先有一个观点在，才能谈举例落实。

比如，在"理性的力量"这个题目下，我们提出这样一个分论点：

> 唯有运用理性，我们才能做出科学的判断，进而走出成功道路。

观点的实质，是"要点＋逻辑"。

而举例论证，就是"落实要点＋呈现逻辑"。

比如在此观点中，存在着 3 个要点：理性、科学判断、成功道路。其中的逻辑，即"理性是成功的必要条件"。所以，本论点的举例论述应该是这样的：

　　A 如何运用理性，做出什么科学判断，最终才如何成功。

这样，三个要点就都是落实的，逻辑也是呈现了的。（参见下编例文《理性的力量》）可能我们对 A 这个素材有详尽的了解，还有千言万语想说，但是我们必须贴住论点重新表述事例，删去冗余内容，突出相关要点。至于写的朴素还是生动，那就是风格的区别了。而我们很多同学的举例论述往往不是这样的，千篇一律叙述一遍 A 的事例，最后硬点一下 A 太理性了！尽管可能文辞优美，情感饱满，但这其实是贴标签。

因此，举例分析的质量，首先要看例子本身是否合宜，然后还要看论述中是否能够落实要点。

下面我来结合几个题目和考场样例加以详细解说。

我们来看北京卷高考作文题"说纽带"：

> 纽带是能够起联系作用的人或事物。人心需要纽带凝聚，力量需要纽带汇集。当今时代，经济全球化的发展、文化的发展、历史的传承、社会的安宁、校园的和谐都需要纽带。
> 　　请以"说纽带"为题，写一篇议论文。
> 　　要求：观点明确，论据充分，论证合理。

这道题写作的重点肯定是论述"纽带"的意义。在论述段中，我们必须看到一个清晰的"纽带"。首先，我们要搞清楚什么是"纽带"，落实概念的前提是搞懂概念的特质。材料里说"纽带是能够起联系作用的人或事物"。可见，"纽带"的关键特质是"联系"，那么我们在写作中，一定要落实好所举出的"纽带"联系了什么和什么。

请看当年北京高考阅卷作文组组长我校王艳老师的一段解说：

> 何为"纽带"？题目中已经给出了解释，"是能够起联系作用的人或事物"。既然已给出了解释，那么自己的文章中是否还要解释呢？回答是"要"。题目中最能体现"纽带"内涵的关键词是"联系"，但"联系"也有很多种，比如可以联结、传递、传播、传承、沟通、交流、凝聚等，你要写的是哪种联系？是人还是事物？这些都要在文中明确，而且这个"纽带"能不能成立，你写的到底是不是纽带，一要看你的界定阐释，二要交代清楚纽带的两端或多方各是什么。比如团结了人与人，联系了古与今，它是不是起到了纽带的作用，要合理构建人或事物之间的关系，尤其对一些非常识性的要让它作为纽带的东西，更要建立逻辑联系，比如笔、桌子、足球等。不能说它是就是，不是也是。这是立论的功夫，这个确定不好，很可能在切题上就出了问题，分数就可想而知了。
>
> ——王艳，《建立逻辑各展才思，议论、记叙各尽其妙》

也就是说，我们所举出的人或事物，是不是纽带，关键看我们能不能落实它的"联系"作用。有的事物，比如汉字，不仅连接了古与今，还连接了彼与此。但是这么合适的素材倘若我们在论述中没有讲清楚其连接了什么、凝聚了什么，也是不切题的。有的事物，比如王艳老师说的桌子，乍一看，怎么会是纽带嘛！但是我们想，春节家庭聚会的餐桌、多方谈判的会议桌，是不是纽带？是不是连接了人与人、心与心？这种剑走偏锋的事物，倘若落实清楚它连接了什么，那就也是合题的。

譬如下面的学生案例：

当然文化的纽带向来不是故步自封的产物，在新环境新背景下融汇现代元素是纽带牢固的重要一环。于是我们看到昔日的江南水乡乌镇如今已成为世界未来起承转合的发动机。青砖绿瓦，小桥流水的映衬下，会展中心里 IT 精英齐聚一堂共商未来世界格局。像乌镇一样的"中转站""杂货铺"正在承担着把中国推向世界、把世界引进中国的任务。它一头连着古都历史，一头连着创新求实；一头连着人类起源，一头连着改革发展。文化纽带的源远流长必须一碗水端平，既包容多元，又不失根本，如此这般中国文化必定会迎来井喷式的爆发。

该生以乌镇为事例，强调乌镇是"中转站"，说乌镇"一头连着古都历史，一头连着创新求实；一头连着人类起源，一头连着改革发展"，这就是非常好的落实，那么乌镇就确为纽带无疑了。

我们再来看一道题：

> 孟子说"夫物之不齐，物之情也"，意指物有千差万别是自然规律，万物的多样造就了大千世界错落有致、参差百态的美。
>
> 国庆 70 周年的盛大阅兵式上，受阅部队步履铿锵、气势恢宏，给我们带来美的震撼，那是协调一致、整齐划一的美。
>
> 有时参差百态是一种美，有时整齐划一是一种美……
>
> 以上材料引发了你怎样的联想与思考，可以从社会生活、思想文化、语言文字、文学艺术等方面展开。请自选角度，自拟题目，写一篇议论文。

这是一道观点类作文题，从立意上来说，我们可以认为参差百态才是真正的美，也可以认为整齐划一才是真正的美，也可以兼而美之。我们这里选取一个论述参差百态之美的案例：

> 在文学界，正因为有参差百态的作品风格，才有百花齐放的繁盛文坛。唐诗是诗歌的高峰，而这高峰的矗立，绝非某一种诗风统一江湖。因为有李白"我本楚狂人，凤歌笑孔丘"的 狂傲，因为有杜甫"无边落木萧萧下，不尽长江滚滚来"的 深沉，还因为有李商隐"沧海月明珠有泪，蓝田日暖玉生烟"的 朦胧，还有韩愈"山石荦确行径微"的 险峻 和李贺"昆山玉碎凤凰叫"的 怪诞，盛唐才称之为诗的盛世，才得以睥睨明清以来单调枯萎的诗坛。参差之美，美在多样，美在丰富，美在一种青春的创造力，是文学乃至一个民族的精神世界健康昂扬的反映。

什么叫"参差百态"，就是各有不同。那么在举例中，就要把这个"参差百态"呈现出来，不是说你论述段中硬扣"参差百态"这个词就行了。上面这个案例，列举唐代不同作家的写作风格，既有其代表性的诗句，也有对其诗风的概括。这样就把"美"清清楚楚落实下来了。

而下面这段论述，虽然有其说理的亮点，但总归浮于表面，没有把具体的"参差"呈现出来，于是略显空泛：

> 我以为的参差不齐，是个性与个性的彰显所展现出和谐统一的舞台，世间万物齐荣共生，人人拥有享受美与创造美的权利，在这个圈局之内自由生长，人方为人，才不等同于以人的形态存在于世间的机器人。人的原子化给彼此提供了舞台恣意伸展，无须切肤的鞭策和外力的推动，在这个自由且无拘无束之下，人的思想变得更有质感，人的创意变得天马行空。人，作为人本身，

便是美，是美之所在，美之所来。美，便是面对差异的包容；美，便是迸发新元素的思想；美，便是人看待世界的窗口。

我们再来看最后一道例题：

> 有人说："想要走得快，就单独上路；想要走得远，就结伴同行。"这引发了你怎样的感悟与思考？
>
> 请自选角度，自拟题目，写一篇不少于800字的议论文。

很明显这是一道观点类作文题，我们可以同意这个观点，也可以不同意这个观点，进而提出针锋相对的反对观点。

我们来看一个样例：

> 　　结伴同行，齐心协力，彰显速度优势。"众人拾柴火焰高。""中国速度"正是这句俗语的最好印证。建国之初百废待兴，举国上下听党指挥、团结一致，热火朝天地展开工作。无数人发扬"螺丝钉精神"，在各自的岗位上贡献力量。中国仅用三年时间便完成了国民经济恢复任务，堪称历史奇迹。如今，面对新冠疫情，中建三局的建筑师联手制图，数千工人轮班施工、昼夜不停，火神山医院十天拔地而起，享誉四海。惊人的速度背后，是万千人民不辞辛劳的共同奋斗。我们将个人利益与集体目标融为一体，因而拥有了一份共同的信念；分工协作、群策群力，我们积小流而成江海。志同道合的人们爆发出排山倒海的力量，大步向前，创造了举世瞩目的中国速度。

这位同学全文的观点，是不同意材料的观点，她认为结伴同行才能走得快。那么她需要在论述中落实"结伴同行＋速度优势"。行文举例分两层：第一层是建国初社会主义建设，第二层是2020年初火神山医院建设。大家可以注意一下文中标记处，非常清晰明确地落实了"同行"和"速度"两个关键词，怎么"同行"的，"速度"有多快，都清清楚楚。这是一个特别工稳的论述段。

我们再来看一份水平更高的样例：

> 诚然，众人拾柴火焰高。但是当众人皆醉之时，能够独守自己清醒的灵魂，逆行或者先行，才能在理想之路上走得久而远。随波逐流者，要么被甩在人群之后，要么被裹挟着不知进退。而那些拥有"独立之思想"的人，不与众人为伍，不因外物而改变，脚踏实地地向前行进。久而久之，这些独行者走得越来越远。独行者如近代教育家陶行知先生，他在1917年回国以后，本可以同大多数的留学高才生一样，谈笑于书斋讲堂之间。但面对中华大地有两亿文盲的事实，面对数千万儿童没有机会接受教育的境况，他毅然脱下西装，辞去众人歆羡的待遇优渥的大学教授工作，只身投入乡村平民教育中。先生不停地行走在乡里之间，帮助那些最普通的中国人识字，他走过武汉、重庆、上海、南京，他把知识带进了大街小巷，所到之处，尽是教育的希望。就在他的同学、友人、同事这些他当年的同行者皆深居学堂之时，先生的理想之芽早已破土而出，走到了中国教育崛起之路的最远端，我们眼见繁花盛开在路上。

我们会发现这位同学不仅要点落实清晰，而且更善于运用写作的技巧。比如，他为了突出陶行知先生的"独行"，不仅点出了"只身"的处境，还用当时"大多数"留学生的选择与他对比，这就更加凸显了他的特立独行。在落实"走得远"的时候，该同学巧妙地采取了一种虚实结合的手法。从实的层面来说，"他走过武汉、重庆、上海、南京"；从虚的层面来说，他成就斐然，推动了中国教育的发展。既有形象的"远"，也有抽象的"远"。

结合以上案例，可知所谓论述应该往哪里去用力。有的同学总是执着于要把例子写得漂亮，要文辞优美、情感充沛，或者说要举出跟人家不一样的例子，不能落了俗套。我想，这些当然也是重要的，但是这些都是锦上添花的事，是下一步要研究的事。论述最重要的，就是"落实"二字。即使最漂亮的文笔、最具格调的事例，论述中不落实，依然是错；相反，常见的事例，朴素的文笔，只要能落实，那也是对。首先要做到对，然后我们再追求好。

二、给举例一点设计感

接下来我们就来说说怎样在举例论述中玩出一点花样，使论述呈现一点设计感，提高自己论述的水平。

我首先要正本清源，说说举例子到底是怎么一回事。我接触过的大部分同学，认为自己写不好作文，第一是没有例子，第二是文笔不美。当然，这两个都不是主因。相信大家看完这本书，会对这些问题有新的认识。

单就举例子来说，议论文也不是一定要有例子，因为举例子不过是一种论证方法。不用举例论证，我们还可以用比喻论证、假设论证、道理论证……话虽然这样讲，大家还是喜欢用举例论证，毕竟不举例来论证道理似乎更难，更无话可说。我们无论用什么论证方法，核心的目的是证明我的观点对，那么就举例论证来说，我要如何举例才能绝对证明我的观点对呢？

那自然是穷举！

比如"想要走得快,就单独上路",我们想用举例法证明这句话绝对正确,那就要把"单独上路"的情况都统计到位,一个也不能遗漏。但事实上这是不可能的。因此,退而求其次,我们就采用"多维度证明"的方法来替代穷举法。这里有两个要点:

(1) 我们要找典型案例,既然不能举出所有,那起码应该举出典型。

(2) 案例要多,不仅是数量多,而且是维度多,避免同质化。

从不同维度选取典型案例,是最能够证明观点的举例方式之一。我们来看几个案例:

且高处不足以求,复不可以保。不闻高下相形、无平不陂之语?天道之循环,变异尔。焉能久处高而不崩,长处乐而不穷?<u>故汉之王莽,登极九五,竟不免于败亡;清年羹尧,位极人臣,亦难逃覆灭于翻手。其间又如小人者杨国忠,君子者王荆公,不免于暴起骤落,真其兴也勃焉,其亡也忽焉!</u>《春秋》弑君三十六,亡国五十二;古来显赫权臣,无论贤愚,保位以终者几人?兴衰烟云,高下恒迁。故人事穷达,何必执着?此唯通达之士得之。

——《人生何必登高处》

这个案例取自《人生何必登高处》,是我在 2020 年写的一篇教学范文,在本书关系类范文中有详细讲解。这里请大家看段中四个事例。王莽、年羹尧是一君一臣,杨国忠、王安石是一小人一君子,前两者是从地位维度来区分,后两者是从德行维度来区分。这就是从不同维度来证明"高处不可以保"这个道理。因此,四个事例不是机械的累加,而是有所设计的。

我们再来看一位同学的习作:

>   向后看，我们寻觅到了时代与时代间的共鸣，更加坚定，更加清醒。在老庄哲学中我们发掘出了当代流行的人生态度——松弛感；在朱光潜的浅言淡欢中我们品出了流于世间的美学——无用之美；在毛主席大笔挥洒的诗词中我们找到了至今仍令人振奋、时代仍急需的豪情——敢教日月换新天！向后看，那些曾将我们从动物之人变为现代人的精神文化，再一次帮助我们成为在时代洪流中屹立不倒的稳笃且清醒的当代人。
>
>   ——《向前看向后看》

这位同学举了三个事例——老庄哲学、朱光潜美学思想、毛主席诗词，分别侧重人生态度、美学、豪情等方面的收获，已经很有上文所述的多维度的意识了。

总而言之，举出多个事例，一定要避免例子的同质化。一个维度、一个性质的例子就不要多举了。有的同学积累丰厚、才情洋溢，往往下笔千言，无所剪裁，忙着堆叠素材，忘了举例子其实是为说理服务的，这样做效果并不好。

不过，考场仓促之间，能够调动起各方面的素材，并且能够有所组织，实属不易。因此，在一段内举两个事例，就比较"经济实惠"了。这时，就要注意两个事例的关系设计：

（1）两个事例最好呈现正反或者递进的关系。

（2）即使是并列关系，也能形成领域的差别，如科学领域与艺术领域、中国与外国、古代与当代等。

请看示例：

>   行，能够塑造我们脚踏实地的实干精神。刘备生于乱世，家道中落，却心怀复汉理想。为实现这一理想，他不顾外界环境带来的艰难困苦，脚踏实地地为目标付出努力，以至于会因看见自

己身体发福而掩面涕泣。而南唐后主李煜，明知宋朝举兵来犯，仍夜夜笙歌，不理国事，将江山拱手让人。究其原因，是他虽知有难却不愿行动，这种消极造成"故国不堪回首月明中"之悲剧。行，让我们在面对挑战或目标时，能够以一颗实干的心切实地做出自己的努力，而非消极懈怠；它让我们至少能有"迈开双腿向前走的勇气"，而不是一味原地踏步。

——《行以致远》

这是北京市海淀区某次高三模拟考试一类上的样文。这位同学在论述段内先举出刘备，再举出李煜。二人都是古代帝王，一成一败，形成对比，非常清晰。倘若举出两位成功的人物，或者两位失败的人物，就有重复堆叠之嫌。

我们再来看一段我的教学范文：

应对困局，需得勇气，以不惧成败的态度去面对困局，以不计得失的胸怀去解决困局。相反，退缩与逃避绝不能使困局不困，困局乃至灾难，绝不以人的意志为转移。怯于应对，只能使人更陷泥潭。谈迁以二十六年心血著《国榷》，一朝全稿被窃，他又发愤重写！以豪迈勇气对之，以奋然前行应之，终成一代国史。于个人的困局如此，于天下的困局亦应如此。在文风颓丧的年代，韩愈以一己之勇，应对文坛的死局，高举"古文""道统"的旗帜，向言之无物的骈文发起冲击，被称为"文起八代之衰"。勇于面对个人的困局，是胆识与心态；勇于面对众人的困局，在众人缩手时挺身而出，"虽千万人吾往矣！"则是担当与责任。

——《应对》

首先开篇的时候，不急着举例子，而是先从道理上予以阐发，正面说完了反面说。关于正反说理，大家一定要避免说车轱辘话，这里的技巧就是正说和反说一定要有句式的变化、用词的调整。比如文段中画线句，正面说理用对仗句，反面说理就用散句。中间举了谈迁、韩愈两个事例，都属于勇于面对困境的。这时候我们就要想，怎么给二者设计出一个层次来？

请看文中的过渡句"于个人的困局如此，于天下的困局亦应如此"。谈迁是应对个人的困局，韩愈是应对天下的困局，由小到大，形成递进。层次不仅要设计出来，还要表述出来，这样读者才看得清楚，一下子能抓住要点，领会匠心。

退一万步讲，我只能想到一个事例怎么办？事实上，一个例子确实略显单薄，并且孤证难立。不过，我们写议论文并不是写哲学的论文，逻辑上未必就要天衣无缝，一个例子写得好也未尝不可。

写好一个例子的关键有两点：

（1）充分落实、展开观点中的关键词。

（2）通过描写等手段，适当渲染，强化表达效果。

请看示例：

有的人出于对理想与信念的执着，即使违逆一时的"潮流"，明知力所不逮，也要昂首前行。六十多年前，在一片拆除北京旧城、捣毁封建帝王遗迹的狂热呼声中，梁思成向中央递交了关于保护北京古城的"梁陈方案"。他出于对民族文化遗产的一片丹心，势单力薄地向时代发出呐喊。<u>北京城拆了，他就呼吁保护城墙；城墙毁了，他又呼吁保护牌楼。乃至连几座牌楼也没有保住，甚至他个人也遭到批斗，他依旧不屈地对北京市市长说："五十年后，历史将证明你是错误的，我是对的。"</u>梁思成的方案最终固然没能被采纳，但是他对北京城发展的思考，依旧在启发着今天的人；他"知其不可而为之"的风骨，永远昭示着知识分子的道义与良知。

——《知其不可而为之》

这里论述"知其不可而为之",只有梁思成一个事例。根据上述原则,我们就要对几个关键词进行一个展开,对一些关键点加以渲染。比如:"北京城拆了,他就呼吁保护城墙;城墙毁了,他又呼吁保护牌楼。乃至连几座牌楼也没有保住,甚至他个人也遭到批斗,他依旧不屈地对北京市市长说:'五十年后,历史将证明你是错误的,我是对的。'"这一部分,运用了一组排比句,把他保护古建筑的所作所为饱含深情地铺叙出来,效果较之于说一句"梁思成努力保护北京古城墙"要动人得多。对于议论文,晓之以理自然是主干,动之以情来辅佐也是可以的。

三、加一点说理

在上文的很多范文示例中,我们可以看到一个好的论述段,不仅仅有举例,还有说理。

一个论述段内,除了举例子,倘若还能进一步说理,则可增强其纵深感。所谓说理,就是阐述论点的道理所在。如果说举例子使我们清楚地看到"是什么",那么说理就是向我们解释"为什么"。说理是思维向深处的开掘,高分作文一定是有精彩的说理的,而非只有简单的举例印证。因此,在举例之外,我们还要努力把自己这一段的核心道理提炼出来,使说理更为清晰透彻。

比如这篇《学以成人》的一段:

A. 学习使人从无知到有知,从有知到乐知。从而拥抱知识,走向"成人"。B. <u>因为学习可以打破时间与空间的局限,使人超脱于个体生命经验的有限,而与全人类的情感联结。而在这样的</u>

<u>互动之中，学习者不仅能收获知识、领略人类所思所想的丰富，更可乐在其中，成为乐知、爱智慧之人。</u>C. 譬如我们高中学习，可读先贤之文与古人对面长谈，可察电子跃迁以悟世界之精微，更重要的是我们从此乐于学习知识。无论是上了大学还是步入社会，都不忘追求知识，这便是学习对于我们成人的引导。

这一段中，A句是提出观点，强调"学习"使人"增长知识，走向成人"。那么"学习"为什么有这种意义？有的同学会想："这不是理所当然么！这还要论么？"你看这位同学的文章，接着就论述了为什么"学习"能够使人成长，即B句。倘若不学习，人的认知只能由自己的切身经历积累而来，而人的切身经历是多么有限啊！可知学习对打破局限性、推动认知成长的意义。万事万物都有其道理，所谓的理所当然，某种程度上是我们缺乏往深处的思考。在此之后，才进入举例环节，即C句。

我拿一篇说理不足的样文来对比：

<u>那么应如何学？要学先要博学。</u>博学，并不是要知天知地，学得毫无边界，而是与此科目相关的知识要都有理解和参考。例如，学习一篇古文，我们不仅需要解读文章的表面意思，更要理解其中的深刻含义。这就少不了对作者的了解，他生活在什么时代，经历了什么事。他为何怀有此情感写作……这其中就不仅是语文知识这么简单了，其中又包含了历史甚至地理和哲学的学问。若这些"副科"功夫下得不够，学习将会变得片面。

依照这位同学的论点，他这一段应该说清楚"学习为什么先要博学"，这个"博学"的必要性、基础性在哪里。从后文的举例论述中可知该同学对这个问题是有想法、有认识的，但是通篇来看，还是缺乏上面优秀案例中对道理的提炼，只是反复强调"要博学"，所以显

得说理不透彻。

我们再来看另一题的优秀案例：

> 我们对于"丰富性"的需求不止停留在物质层面，还上升到了思想层面。思想多样性的意义是不可忽视的。春秋末期到战国，孔孟倡周礼、老庄主无为、墨子谈兼爱、韩非子讲法治。这个时期涌现出无数思想家，汇集成"百家争鸣"的繁荣景象，可谓思想上的"百花齐放"了。<u>一方面，这些不同思想主张的产生，就像生物界基因的无数"突变"造成的生物多样性一样，给名为"时代"的进化提供了筛选的"原材料"。另一方面，不同的思想主张之间的相互批驳、相互竞争，也让各家思想在逻辑上更融洽，理论上更完满，或是操作上更切合实际，是为思想的"协同进化"，让思想不断进步，常富生机。</u>

这篇文章谈的是"一花独放不是春，百花齐放春满园"，与前面讲过的"参差百态之美"类似。写作的重点首先是落实"百花齐放"，即文中的"思想多样性"。该同学先列举儒、道、墨、法各家，并点出其各自的核心主张，完成了核心概念的落实；接着从两个方面浓墨重彩地分析了"思想多样性"为什么是有意义的，显现了本段论述的深度。

相对于举例落实，说理是更高一层的要求，当然操作起来也是非常有难度的。我们不妨从"加一点说理"做起，在举例之外有那么三两句说理性的内容，倘若说得好，也是加分点。

我有一位 2018 年毕业的学生，现就读于计算机专业。2024 年高考之后，他给我看了一篇所谓"地表最强 AI"写的作文，请我评评分。这里摘两段，大家来看看其论述水平如何。题目如下：

> 几千年来，古老的经典常读常新，杰出的思想常用常新，中华

> 民族的伟大精神亘古常新……很多事物，在时间的淬炼中，愈显活力和价值。
>
> 请以"历久弥新"为题目，写一篇议论文。
>
> 要求：论点明确，论据充分，论证合理，语言流畅，书写清晰。不少于800字。

首先，经典文学和思想是历久弥新的重要体现。古希腊的荷马史诗，中国的《论语》和《道德经》，以及印度的《吠陀经》，这些经典著作经历了数千年的时间考验，至今仍在影响着现代人的思想和生活。<u>它们之所以能够历久弥新，是因为它们所承载的思想具有普遍性和永恒性。</u>例如，《论语》中孔子的思想强调仁、义、礼、智、信，这些价值观在今天仍然具有重要的现实意义。无论是在人际关系中，还是在社会治理中，这些思想都能提供宝贵的指导。因此，经典文学和思想能够穿越时间的长河，焕发出新的光彩。

其次，科学技术的发展也体现了历久弥新的特质。牛顿力学和爱因斯坦的相对论是科学史上的两大里程碑，这些理论在各自的时代带来了革命性的变化。然而，随着时间的推移，这些理论并未被遗弃，而是在新的科学发现中得到进一步的发展和验证。例如，量子力学的发展在一定程度上修正了经典力学的某些局限，但经典力学仍然在宏观世界中发挥着不可替代的作用。同样，相对论在极端条件下对时间和空间的描述，依然是现代物理学的基石。<u>科学技术的发展不仅依赖于新的发现，更离不开对传统理论的传承和创新。</u>因此，科学技术的历久弥新不仅是知识的积累，更是智慧的延续。

作为计算机程序，语言表达难免板滞，不够灵活，这一点暂且不必苛责。首先，不得不佩服 AI 的素材库，古今中外、科学人文，无所不有，而且细致准确。其次，"历久弥新"这个话题，要说清楚什么事物"历久"，其在当下又有什么价值与意义。经典文学这一段，列举古代经典，尤其是《论语》，指出其"仁、义、礼、智、信"的思想在当下对人际交往与社会治理的意义；科学技术这一段，以牛顿力学、相对论为例，分析其在当下物理学研究中仍具有基石性的作用。应该说，举例落实是相当具体而充分的。

其不足之处，主要在于说理的单薄，停留于事例的印证。经典文学一段，唯有"它们之所以能够历久弥新，是因为它们所承载的思想具有普遍性和永恒性"一句，解释了为什么经典文学可以"历久弥新"；科学技术一段，"科学技术的发展不仅依赖于新的发现，更离不开对传统理论的传承和创新"算是一句说理，但也略显单薄。

不过总体而言，这段 AI 所写的文章，其准确翔实、条理清晰，恐怕是绝大部分考场作文望尘莫及的。

综上，提出了论点，一定要追问一句"为什么"。对论点的道理予以解说，论述段才会更显饱满，说理性才会更加凸显。当然，也有的同学喜欢先有一段举例印证，再跟一段说理，以给说理更大的空间，这也是可以的。

四、典型案例分析

学习写作，一定要结合范文。凭空地去把握道理，道理是不真切的。在这一部分，我们一起来看若干典型例题、典型案例。这里的案例有错的，有对的，有好的。每一个案例，试图呈现一个问题，或者一种亮点。我们或可在其间"择其善者而从之，其不善者而改之"。下面的案例都给出了相应的评级：

C：偏题，有严重失误。

B：合题，但存在典型缺陷。

A：切题，未必精彩，但落实到位。

✏️ 例题 1

> 请以"你和你站立的地方"为话题，自拟一个论点，举例加以论述，180 字左右。

● **例文 1　评级：C**

　　站在不同地方、不同生命起点的人们，都有着各自要承担的使命和责任。或许起点会在尽头设定局限，但永葆向上的挑战精神才是最为可贵的。比如，宋濂生于贫苦人家，站立于破屋漏壁之下，而他抄写经书、穿越风雪拜师，凭借心中拼搏挑战的价值取向，笔耕不辍，一步步前行，最终站在了朝堂之上。

分析：这属于典型的举例不落实。这位同学的观点中，强调"地方"与"使命、责任"的关联。但是在宋濂的事例中，完全找不到"使命、责任"的相关内容。

● **例文 2　评级：C**

　　你站立的地方决定你视野的高度，进而影响你成就的大小。清华大学 2024 年招生宣传片中的"土豆少年"将自己毕业设计的选材定为土豆发电。这一选材对站在小学校园中的师生们来说仅仅是原电池小实验。然而站立于清华二校门下的"土豆少年"却有心将小小土豆与能源问题联系起来。置身于清华大学，使得他将集成发电等前沿科技引入课题，最终实现以土豆稳定供电的突破，成为清华大学优秀毕业设计。

分析：这是典型的举例不当，强行贴标签。这位同学的观点本身是不错的，成立性是比较高的。同时在举例中，也非常注重落实"地方""视野""成就"等关键要点。为了突出"地方"对人的影响，该同学还设计了对比。不得不说，该同学是用心的。但遗憾的是，事例中"清华大学"与"实现土豆稳定供电"之间的逻辑是强加的。

● 例文 3 评级：B

你的认知与视野会受到你站立的地方的限制。古代欧洲的人们只能站在欧亚大陆上，因而只能认识到所生活的地面是平的，畅想着陆地有边界，而边界外是无尽深渊。正是其站立的陆地让他们只能认识到地面是平的。反之，当麦哲伦的船队完成环球航行后，人们才在活动中认识到地球是圆的。由此可知，当人们所站立的物质世界变化后，人们的认知和视野才会随之变化，正是你站立的地方限制着你的认识和视野。

分析：首先，这个案例存在着举例不落实的问题。麦哲伦船队完成环球航行，这不是一个"地方"，它不能用来证明地方对人的影响。其次，这个案例的观点本身也存在立意不高的问题。其实该同学完全可以论"人的认识和视野受到站立地方的影响"，"影响"一词既包括消极作用，也包括积极作用，这样就可以说理更全面。只去论"限制"，显得狭隘而消极。所以，观点本身还要注意一个格局的问题。

● 例文 4 评级：A

地方的价值也需要站立其上的人来成就。名人、伟人在一个地方驻足，可以给这个地方留下文化的底蕴、精神的财富。黄州，在苏轼去以前只是一个籍籍无名的小城，但苏轼来到这里，站立于此，留下了《赤壁赋》与《念奴娇》等千古佳作，使得黄州一跃而为历史文化名城。而平凡人、普通人通过勤奋和汗水也能使脚下的地方繁荣昌盛。四十多年前，一群怀着梦想的人们来到深圳，一砖一瓦，将一个偏僻的小渔村建设为一个国际一流的大都市。

分析：本文文辞稍显稚嫩，但却准确无误地完成了论述任务。作者要论人对地方的影响，举了两个事例。在苏轼的例子中，苏轼的作为，苏轼之前、之后的黄州地位有何不同，都有清晰明了的落实。同理，在深圳的事例中，什么人、什么事，深圳如何变化，也都准确而到位。同时，该同学在论述段内还有"名人、伟人—平凡人、普通人"的层次设计，更显逻辑的严谨。

● 例文5　评级：A

当我们迈出一步，踏出所站立的地方，便能睁开眼睛看世界，从而有新的收获。张昭源毕业于清华大学，生长于城市，却毅然去到重庆农村从事驻村工作。与农民共同生活的日子里，张昭源见识到闻所未闻的贫困，又感佩于农民的智慧。基层的见闻汇为他宝贵的经验，帮助他带领全县脱贫，过上新生活。其实，人们所站立之处不过沧海一隅，<u>这"地方"既为安全的平台，也是自由的牢笼</u>，故应时时前行，站所未站之处。

分析：这位同学的落实意识非常好。"踏出所站立的地方"，对应着张昭源从城市到重庆农村；"睁开眼睛看世界"，对应着张昭源在农村增长了见闻，收获了智慧；"收获"对应着他在脱贫攻坚工作中的成就。举例之后，作者又能在此基础上加以提炼说理，分析了为什么我们需要踏出所站立的地方，指出"地方"有其禁锢性的一面。这就不只是举例印证了，而是能有所分析。

例题 2

船员说："风总是偏爱知道风向的人"，你是如何理解的？请举例加以论述。180字左右。

● 例文1　评级：C

航行于海上，个人之力相比于自然之力显得尤为渺小。唯有将自己与外力相融，顺着外力而行，才可获得助力、事半功倍。王安石在了解到国家现状后，将自己的变法革新之理想与之结合，借皇帝的力量推行青苗法等新政，实现了自己的梦想。在日趋信息化的世界中，马云把握住科技发展之浪潮，顺风而行，最终创建了阿里巴巴，成为闻名世界的企业家。

分析：该同学最主要的问题，是对"风向"理解不准确。题干中的"风向"很明显是比喻形势、潮流，但是该同学将"风向"理解为外力。于是在举王安石的事例时，强调的是"借皇帝的力量"。审题的错误导致了论述的偏颇。

● 例文2　评级：B

知道风向，我们方能有更好的发展。就比如做传统汽车的比亚迪，大胆预测了电动汽车会拥有更好的发展机会和更广阔的市场，从而改行做电动汽车，成为现如今的世界一流汽车品牌。在互联网发展之初，马云大胆推测未来将是一个网络化的时代，发展互联网相关产业，借助互联网兴起之风，将产业做大做强。他们都预测了未来发展之风向，向其阔步前行，闯出光明的未来。

分析：该示例在落实关键词这一点上做得倒是不错。在比亚迪的事例中，"风向"落实为电动汽车的发展趋势；在马云的事例中，"风向"落实为互联网兴起之风。但是该示例仍然存在两个问题：第一，是缺少分析说理，只是简单地罗列事例印证，到底"风"如何助力人，为什么能助力人，都没有论说；第二，是对事例本身了解不深、不细，表述毛糙，用词粗浅，观感欠佳。

● 例文 3　评级：A

除了辨明风向，更重要的是因风而动、顺风而为的顺应风向。<u>时代之风强劲有力，将无数旧物淘汰、技术抛弃、行业换血，浩浩荡荡的气势难以阻挡。唯有把握风向并善用之人，才更能找到施展自我的空间，得到发挥才华的助力。</u>于个人，我们应把握当前劳动力缺口，并在择业时投身其中，以备顺风而行；于国家，我们应把握当下开放共赢的导向，谋求协同合作、包容共进；于文化，我们应坚定文化自信，筑牢民族复兴的文化根基，在百年未有之大变局中实现中华民族伟大复兴。

分析：该案例的观点强调"顺风而为"，分三个层面来举例：个人、国家、文化。每一个层面中，要顺什么"风"，都落实得清清楚楚。并且，能够对所论的观点展开说理——"时代之风强劲有力，……得到发挥才华的助力。"观点清晰、事例落实、有所说理，因此是一个优秀的论述段。

● 例文 4　评级：A

人要学会审时度势，顺应时代潮流而行，才会获得环境的助力。百年前孙中山先生说：世界大势，浩浩汤汤，顺之者昌，逆之者亡。准确判断风向，顺风而行，才能如海鸟翱翔直上。比亚迪公司，看准新能源产业的大势所趋，毅然宣布传统燃油车停产，将制造重点转向新能源汽车，如此一来，<u>既得到了国家政策的支持，又得到了一批消费者的青睐</u>，在新能源、智能化的风潮下应运而生、乘风而起。

分析：我们可以将此例文与例文2做比较，同样是以比亚迪为例，效果截然不同。首先，该生对素材的了解程度要更全面、更细致，掌握的信息更多。其次，在叙述比亚迪事例中，该生特别强调了"既得到了国家政策的支持，又得到了一批消费者的青睐"，这就讲清楚了时代的风到底是如何助力比亚迪的，他写出了这个助力的过程。这就比例文2简单摆出"电动汽车—成功了"要有思维含量。可以说，例文2停留在举例子印证，而本例文则进阶到举例子分析。

例题3

中国"十大教育英才"之一朱永新先生曾经说："没有阅读就没有个人心灵的成长，就没有人的精神发育。"读书，对一个人的精神成长至关重要。

请以"读书与成长"为话题，自拟一个论点，举例加以论述。180字左右。

● 例文1 评级：C

读书可以提高个人的文学素养，进而拓宽个人的视野，改变个人的命运。归有光曾经在尘泥渗漉、雨泽下注的阁子里借书满架、束发读书；仲永则空留三岁能吟诗、七岁能作赋的文学天赋而不学。前者终成明代著名的散文家，后者长大后与常人无异，成为人们的笑柄。读书可以提高个人的文学文化水平，使人精神长得启迪，进而收获成长。是故登高而招，臂非加长也，而见者远。

分析：本段的问题在于泛化了"读书"的概念。题目中的"读书"，是狭义的读书，即阅读书籍。而该同学把"读书"泛化理解为"学习"。尤其是仲永，他的问题不是没有读哪一本书，而是不学习。归有光的例子呈现也不到位，因为虽然写归有光"借书满架"，却没有写出读书对他的具体影响，只是泛泛说他成为散文家。

● 例文 2　评级：B

在一个人的成长中，读书是必不可少的。鲁迅先生从小就酷爱读书，他在江南水师学堂读书时，因成绩优异获得了金质奖章，他便拿去卖掉买书来读。这为他后来弃医从文，成为近代文学家奠定了基础。一代文豪高尔基曾说："书是人类进步的阶梯。"可见，读书能促进人的成长，在人的成长道路上起着至关重要的作用。

分析：本文第一个问题在于，"成长"一词只是笼统点出来了，没有展开解说，不知道"成长"所指何事。第二个问题在于，作者没有呈现出来是哪一本书对鲁迅产生了影响，使之弃医从文。可见其"读书"也没有落实。虽然作者对题目的理解没有错，但未能充分论述。

● 例文 3　评级：A

更深层次地说，书籍作品之中更是蕴含着无数先辈与哲人的卓越思想与精神内核。一代红学家周汝昌在对《红楼梦》的阅读之中，品出了自身人生悲欢的深刻内涵；而在阅读王小波的热潮之中，读者纷纷产生对人性与理性冲突的沉思，催生了精神思索的潮流；更有对莫言等一代乡土与历史题材书籍的阅读，使读者忧于家国之情，忧于知识分子心中关于制度合理与道德正确间矛盾的大情怀。有了这些精神与道德上的沉思与反问，人，才可以说是在精神的层面上成长了。书籍之中丰盛的精神饕餮，得以在阅读与品味的过程中被消化吸收，充实精神的成长。可见，阅读书籍方为精神生长的那一箪食，一豆羹。

分析：这是一个优秀的论述段。首先，作者明确了"成长"指的是思想、精神的进步。并且在论述中分析了从"读书"到"成长"的过程。其次，我们看他的举例，读哪一本书，会带来什么思想、精神的成长，都落实得清清楚楚。此外，该同学优秀的语言质量，也是加分的重要因素。

● 例文 4　评级：A

随着人的成长，我们从一本书中读出的体悟也会越来越深。冰心在十二三岁时读《红楼梦》，只是读出了"贾宝玉女声女气，林黛玉哭哭啼啼"，甚觉无趣，遂弃书不读。到冰心人至中年重读《红楼梦》，才体悟到"满纸荒唐言，一把辛酸泪"的苦楚。少年的冰心，看到的只是书中人物的爱情纠纷，随着人的成长和社会阅历的丰富，三四十岁时才能体悟到作者亲历一个家族由盛转衰的悲哀。"少不读红楼"，有时候一部内容深厚的书，需要成长后的人去体味和领会。

分析：写"读书与成长"，多数同学侧重论述读书对成长的意义，该同学逆向思维，去论成长对读书的意义，而且写得非常扎实有力度。这里的关键，就在于他能点出冰心年少时如何理解《红楼梦》，成年后又如何理解《红楼梦》，不同年龄段的体验不是用一句"理解自有不同"来遮掩过去，而是皆能落实。可见，一个素材的积累，必得掌握其细节，关键时候才能用得得心应手。

巧用素材：提高例子的使用效率

我所教过的不少同学曾遇到过这样一种问题——明明自己积累了不少素材，但是一到写作时，仍然感到没有素材可用；还有的同学，把自己积累的素材按照专题分门别类，比如担当专题、奉献专题、拼搏专题……而考试偏偏避开了自己整理的专题；甚至有的同学熟读一种名曰"议论文论据大全"之类的参考书，其中有数百个事例，分门别类，看似无不包含，但在考试中举例时仍然不能得心应手……

这就是素材积累和运用的方法不对，下面我们分别展开分析。

一、素材积累

其实，素材积累的关键不在于"量"，而在于"质"。我们要选取经典的、有质量的事例，对事例进行全方位细致的整理。我们试想一下，生活中我们听到一个道理，是不是总喜欢联系自己熟悉的领域来理解？反过来说，结合熟悉的领域说理，我们总能左右逢源。一个事例，我们只有把它吃透，了解足够多的细节，在遇到作文题时才能有话可说。简单来说，之所以很多同学积累了不少素材，却在考场上无例可用，主要就是因为积累的素材细节不足，对素材的理解不够。而"议论文论据大全"之所以没有用武之地，就是因为其中的论据往往是泛泛介绍、浮于表面的。请看一段范文：

> 昨日之我是今日之我的底色，今日之我源于昨日之我。过去的一点一滴无可避免地在我们身上留下烙印，成为我们的一部分

精神底色。迟子建成长于我国边境的北极村，朴实的乡情、乐观的人生态度，造就了年少时节天真烂漫、童真无邪的"过去"的她。从年少天真直至走向茅盾文学奖的领奖台，迟子建始终极富想象力和童趣，我们始终能在其作品中看到那个蹲在火旁烤橘子、梦想着北极熊的"小迟子"的身影。也正是过去的她，使得迟子建成为作家中的一股清流，保有丰富想象力，成就了现在的写作大师。可见"昨日之我"是"今日之我"抹不去的色彩。

——《昨日之我与今日之我》

根据该同学的观点，论述中应该落实迟子建的"昨日"与"今日"。"昨日"的迟子建天真烂漫、童真无邪，"今日"的迟子建在作品中"始终极富想象力和童趣"。而该同学还能够点出"蹲在火旁烤橘子、梦想着北极熊"这样的细节，该事例便更见饱满、更见充实，说理的质量大大提高。再来看另一篇习作：

无话，往往并非出于无知，而是由于胆怯。面对事实，我们常常缺乏勇气讲出心中的真话，缺乏在暗夜中呐喊的孤勇。而那些敢于在众人噤声时勇于发声的人，才是民族的脊梁，国家的柱石。2003年"非典"时，有些地方官员因为一己私心，将真相隐瞒得严严实实，只字不提，<u>而年逾花甲的钟南山则站了出来，面对镜头，直言疫情的真相。有的人让他"少说话"，而他这个人，就和他挂在办公室里那显眼的匾额一样——"敢医敢言"</u>。中华民族风风雨雨五千年，它能历尽艰辛走到今天，我想，其中一个原因就是我们总有一些人敢于在万马齐喑之时勇于发声。他人无话，我有一言。这是一位医者的责任，更是一个读书人应有的良知。

——《无话则长》

2020年新冠疫情暴发，八十多岁的钟南山院士带领研究团队前往抗疫前线，成为一时热议的"最美逆行者"。当年很多同学关注了此事，但可惜没有对素材加以拓展和挖掘，仅仅知道"最美逆行者"一个词，于是就反复套用。而这篇文章对钟南山的相关事迹做了深入细致的了解，在"无话则长"（别人无话时我却有话要说）这一题中，联系了"敢医敢言"这个点。因为细节积累丰富，所以在大家都积累了同一人物素材的情况下，这位同学显然更能左右逢源，运用自如。

因此，倘若对一个素材能够挖深吃透，就能大大提高素材的利用效率，使一个素材在不同题目中找到用武之地。下面以梁思成相关素材为例，为大家呈现"一材多用"。

● **梁思成相关事迹（取材自窦忠如《梁思成传》）**

考察蓟县独乐寺 发现唐代佛光寺

为了寻找中国的唐代建筑，梁思成冒着生命危险，克服艰苦的物质条件，考察了蓟县独乐寺建筑遗址，发表了《蓟县独乐寺观音阁山门考》，引起中外学界的极大关注。尤其是日本学者，此后他们再也不提由他们代劳来测绘研究中国古建筑的事了。进而又远涉山西的深山老林，终于发现了保存完好的唐代佛光寺，其考察报告在世界范围内引发轰动，打破了日本学者"中国境内已经没有唐代以前的古建筑，如果中国学者想要研究唐代的建筑，只能到日本的奈良去"的论断。

研究《营造法式》

尽管贫病交加，但梁思成并不悲观气馁，常常教授子女唐诗，杜甫的"剑外忽传收蓟北，初闻涕泪满衣裳"是全家最喜爱的诗句之一。生活越是清苦，梁思成越相信那"即从巴峡穿巫峡，便下襄阳向洛阳"的日子即将到来。他从不愁眉苦脸，仍然愉快画图，画图时总是爱哼哼唧唧地唱歌，晚间常点个煤油灯到他那简陋的办公室去。他仍在梦想着战争结束后再到全国各地去考察。为了研究宋代的《营造法式》，在昏暗的菜油灯下，戴着眼镜驼着背的梁思成尽力俯身向前，下颌放在一只花瓶上，那是为了支撑头部，他的脊椎因疼痛而难承头部重量。到了1945年抗日战争胜利前夕，梁思成带领两名助手已经完成了壕寨制度、石作制度和大木作制度等图样，以及部分文字的注释工作。

上书"梁陈方案" 保护北京古城墙

经过数月的艰辛努力，《关于中央人民政府行政中心区位置的建议》也就是著名的"梁陈方案"，终于在1950年2月顺利出炉。为了使相关领导和部门重视，梁思成自费刊印了一百多份报送上去。

"梁陈方案"：

1. 在西郊另设行政中心，保护旧城原址。

2. 梁思成希望在城墙上面布置花池，栽种花草，安设公园椅，每隔若干距离的敌台上可以建凉亭，供游人休息。由城墙俯视护城河与郊外平原，远望西山或紫禁城宫殿。它将是世界上最特殊的公园之一——一个全长达39.75公里的立体环城公园。

3. 将来引导永定河水一部分流入护城河，河内可以方舟钓鱼，冬天又是一个很好的溜冰场。

25 000字的方案，对中国乃至世界城市规划工作有着重要的启发作用。他对欧洲当年因为计划不周而导致城市普遍出现严重"病症"有着深刻解析。他的中轴线布局和城墙公园计划，此等规模气魄，在世界上没有第二个。

梁思成认为："北京是五代之都，是个古代文化建筑集中的城市，不宜发展工业，最好像美国首府华盛顿那样，是个政治文化中心，风景幽美，高度绿化，而北京的大批名胜古迹可以发展成为一个旅游城市。"他提出要把北京城整个当作一个大博物院来加以保存。

即便"梁陈方案"被打入"冷宫",即便北京城墙"保卫战"惨遭失败,但北京城内还有众多古建筑珍宝等待他的护卫,他别无选择。既然如此,"战斗"仍将继续。新的"战斗"从保卫牌楼开始。

梁思成:"今天我们认为无所谓的东西,也许二三百年以后,我们的子孙就感到很大的兴趣。"

梁启超的家风熏陶

梁思成拥有很多荣誉性头衔和职务,诸如"最有才华的小美术家""首屈一指的小音乐家""一个有政治头脑的艺术家"和"跳高王子",以及"美术编辑""管乐队队长""爱国十人团"和"义勇军"中坚分子等等,这些无疑表明梁思成在许多方面,都与其父梁启超那"兴趣甚多"的性格极为相似。

梁启超:"凡人必常常生活于趣味之中,生活才有价值。"

梁启超家信:"思成你所学太专门了,我愿你趁毕业后一两年,分出光阴多学些常识,尤其是文学或人文科学中之某部门,稍微多用点功夫。我怕你因所学太专门之故,把生活也弄成过于单调。"

下面我就以梁思成的素材来写一写近年北京的几道高考作文题。这里主要为大家呈现材料的运用,故而只写一个论述段,以便大家更容易抓住重点。

例题1

纽带是能够起联系作用的人或事物。人心需要纽带凝聚,力量需要纽带汇集。当今时代,经济全球化的发展、文化的发展、历史的传承、社会的安宁、校园的和谐都需要纽带。

请以"说纽带"为题,写一篇议论文。

要求:观点明确,论据充分,论证合理。

● 例文

　　有的纽带连接着古与今，使我们于千百年之下，与历史相连，明确了从哪里来，要到哪里去。譬如建筑，绝非遮风避雨之一用，更是历史的载体，文化的寓所。北京胡同中的一砖一瓦，一头连接着眼下的车水马龙，一头连接着过去的风雨阴晴。新中国成立前，梁思成远涉山西的深山老林，探寻唐代古建筑佛光寺；新中国成立后，他反复呼吁保护北京城墙。他说："今天我们认为无所谓的东西，也许二三百年以后，我们的子孙就感到很大的兴趣。"我想，这无非是要保护一根历史的纽带，使得中华民族的文化不至于在现代化的滚滚浪潮中被湮没，使得我们后来人在纽带的"这一头"，清晰地感受"那一头"的波澜壮阔，不要丢掉文化的根。

● 要点提示

"纽带"的特征是"联系"，因此在此论述段中，强调古建筑"一头连着……一头连着……"。其间引用梁思成对古建筑的看法，证明古建筑的重要性，然后话锋一转，转回到"纽带"上，证明"纽带"连接古今的作用。

例题 2

　　今天，众多 2000 年出生的同学走进高考考场。18 年过去了，祖国在不断发展，大家也成长为青年。
　　请以"新时代新青年——谈在祖国发展中成长"为题，写一篇议论文。
　　要求：观点明确，论据恰当充实，论证合理。

● 例文

　　青年之成长，绝无脱离时代之可能。一代新青年，必当投身其新时代，方能真正成就自我。20 世纪 20 年代，文化界兴起"整理国故"的潮流。年轻的梁思成从国外归来，投身中国传统建筑文化的整理、研究与保护之中。面对日本学者"中国境内已经没有唐代以前的古建筑，如果中国学者想要研究唐代的建筑，只能到日本去"的狂妄论断，梁思成远涉深山老林，终于在山西发现保存完好的唐代佛光寺，震撼了国际建筑学界。而梁思成，不仅成为一代建筑大师，更成为一代又一代中国人的精神标杆。所以，青年人躲进小楼，独善其身，固然不恶；然而投身潮流，拥抱时代，方谓壮哉！

● 要点提示

　　有的同学看到此题中的"新"字，认为必须要举当下的例子。其实不然，任何一代青年，针对其生活的时代，都可谓"新青年"，只要讲清楚其时代新在哪、其青年新在哪即可。本段点明 20 世纪 20 年代的文化潮流是"整理国故"，这是落实"新时代"，随后举梁思成研究中国古建筑，凸显他融入时代，收获自我的成长。

例题 3

　　"韧性"是指物体柔软坚实、不易折断的性质。中华文明历经风雨，绵延至今，体现出"韧"的精神。回顾漫长的中国历史，每逢关键时刻，这种文明的韧性体现得尤其明显。中华民族的伟大复兴，更需要激发出这种文明的韧性。

　　请以"文明的韧性"为题，写一篇议论文。可以从中国的历史变迁、思想文化、语言文字、文学艺术、社会生活及中国人的品格等角度，谈谈你的思考。

要求：观点明确，论据充分，论证合理。

● 例文

中华文明的韧性，首先体现在一种面对挫折乃至困难、灾难，犹然不断、犹然不倒的精神力量。一代建筑学家梁思成，在抗战期间，远涉西南。尽管颠沛流离，却依旧在昏黄的菜油灯下研究宋代的《营造法式》；尽管贫病交加，却依旧与子女讲授诗歌不辍。生活越是清苦，他越相信那"即从巴峡穿巫峡，便下襄阳向洛阳"的日子即将到来。中国人民是打不垮的，中国文化是毁不掉的，正是因为这文化精神之中挺立着铮铮铁骨。因这韧性，文明在艰难困苦中不仅不会倒掉，反而更加丰厚，更加伟大。

● 要点提示

中华文明的"韧性"是"面对挫折乃至困难、灾难，犹然不断、犹然不倒的精神力量"，接下来举梁思成研究《营造法式》的例子，首先落实他面临的各种困难、灾难，继而描述其不屈不倒，克服一切困难展开学术研究。以梁思成作为中国人、中国文化的一个代表，诠释中华文明"韧性"的内涵。

例题 4

2020年6月23日，北斗三号的最后一颗卫星成功发射，标志着我国自主建设、独立运行的北斗卫星导航系统完成全球组网部署。整个系统由55颗卫星构成，每一颗都有自己的功用，它们共同织成一张"天网",可服务全球。

材料中"每一颗都有自己的功用",引发了你怎样的联想和思考?请联系现实生活,自选角度,自拟题目,写一篇议论文。

要求:论点明确,论据充实,论证合理;语言流畅,书写清晰。

● 例文

恰如每一颗卫星在北斗系统中都有其功用,在社会这个更大的系统中,每个人也都有他的价值。譬如在古建筑保护的事业中,精英者如梁思成,以其精深的学养与惊人的毅力,一方面整理注释众多古代建筑学著作,另一方面完成了蓟县独乐寺等实地考察研究,更深入深山老林,发现了唐代佛光寺,打破了日本学者"中国再无唐代建筑"的狂妄论断。与此同时,我们不能忽视普通人的价值。中国古建筑怕火,而西递"打更队"则用手中一面普普通通的响锣,守护着千年古村,使这"中国明清民居博物馆"224幢古建筑历经风雨而安然无恙。这不禁使我感叹:一项事业的造就与持久,不仅要依靠"了不起"的精英,也要依靠"不起眼"的普通人。

● 要点提示

这一题就比较麻烦了。因为它要证明"每一颗都有自己的功用"。只举出梁思成一人的功用,无法证明"每一颗"的功用。所以,这里又举西递"打更队"的事例与之形成组合。都从事古建筑保护,一是精英,一是普通人,二者皆有功用,这就证明了每一个人都有自己的功用。

以上的几段论述，皆取材于梁思成，不过行文各有侧重。结合我们在论述篇中所讲，可知"一材多用"的关键，就在于根据题目、论点的需要，从不同的重点和依不同的逻辑来叙述事例。同样是梁思成，或引此事，或引彼事，根据题目灵活选取；而同样是发现佛光寺一事，在不同的论述段中叙述角度各有不同。只有对素材了解得足够多，掌握的信息足够丰富，素材的适用面才能扩大，运用效率才能提高，从而事半功倍。

二、素材运用

大家可能已经发现，素材的使用效果，不仅受素材积累水平影响，还受素材运用的影响。素材的运用，最关键的就是"落实"——落实要点＋呈现逻辑。这一点在论述篇中已经详论，这里来谈其他几个问题。

1. 整合素材，组合运用

有时候，单个的素材难以完成对论点的论述，或者某个素材略显平常，不够出彩，这时候就可以考虑将多个素材组合运用，比如例题4中梁思成和西递"打更队"组合起来，形成"精英＋普通人"的论证逻辑，这才证明了"每一颗都有自己的功用"。在此再举一位同学的案例：

> 由追随而引领的关键，需要追随者不懈锤炼个人能力与品格。"用耳朵倾听人民呼声，用内心感应时代脉搏。"当年，杨利伟遨游深空，引领中国载人航空事业发展时，桂海潮踏上了追随的征程：追随中国航天最尖端理论，考入北航，成为载荷专家；追随中国航天员的身心标准，坚持锻炼身体、磨炼意志。而如今

当神舟十六一飞冲天时，桂海潮追随的步伐终于质变为引领的足迹，中国航天事业的全新图景在他身后徐徐展开。可见，追随从不是无谓盲从或随波逐流，而是自主而坚定的道路选择，是未来能挑起引领重担的根本保障。

——《引领者与追随者》

上面这段论述，将航天员杨利伟和桂海潮做了一个组合，恰好可以论述引领者和追随者的关系问题。这两位航天员的素材其实很多同学积累过，但是很少有同学能够想到将二者组合运用。

这里也提示大家，积累事例，还可以沿着某一个线索、围绕着某一个主题做一些相关的拓展，比如上文的古建筑保护、航空航天等专题，可以将相关素材形成一个系列。行文中将若干事例组合运用，打一套"组合拳"，效果更佳。

2. 打开思维，转变认识

本节重点要讲的，是对素材的理解和认识问题。所谓"运用之妙，存乎一心"。很多素材感觉用不上，其实是我们的思维不够灵活，不能转换认识的角度。比如这样一个案例：

"勇"字展现出初次涉足的态度，其背后是坚定的目标与一往无前的精神。勇毅无畏是必要的精神力量，为我们之后开拓"无人区"的行动提供了指引。<u>斯科特一行人，为了成为第一支到达南极点的探险队</u>，在行进路上一往无前，冒着风雪，在严酷的自然环境中向着共同目标——南极点进发，展现出非凡的勇气。即使最后与死亡抗争时也无畏牺牲，最终以一纸日记向世人展现出开拓南极"无人区"的勇毅姿态。

——《勇闯无人区》

这位同学写完作文后总结，看到"勇闯无人区"这个题目，她首先想到了探索南极的斯科特，但是斯科特却未能实现自己第一个到达南极点的壮志，他是输给了挪威人阿蒙森的，并且命丧南极。这使得她写作时有些犯难，一个"勇闯无人区"失败了的素材，该如何拿来论证"勇闯无人区"的意义呢？无奈之下，只好打一个"马虎眼"，把斯科特一行人说成"第一支到达南极点的探险队"，但愿阅卷老师不会深究。

其实，这样操作是大可不必的。斯科特南极探险失败了，不仅不妨碍论述"勇闯无人区"，反而可以论出更崇高的意义。且看下面这位同学的论述：

> 除了从功利角度评判的价值，"勇闯无人区"有其本身的精神价值。"闯"可以是一个动作，但它更可以是一种人生态度：面对未知事物不退缩，永远对其葆有探索的热情与攀登高峰之勇。曾经，英国的探险家斯科特等人带着马匹与拖车踏上了探索南极之路，他们希望成为首个到达南极点的团队，可最终南极点还是被挪威人先插上了国旗。在勇闯南极无人区这件事上，他们输给了他国，在冰天雪地之中葬送了自己的性命，但是他们带给后世之人的精神价值是不可估量的。他们的日记在公之于众后使得更多的人从中汲取到勇闯无人区的勇气，给予后人前行之力量。
>
> ——《勇闯无人区》

这位同学不仅没有回避斯科特失败的问题，反而就失败这个点切入，论出"勇闯无人区"超越功利、超越成败层面的精神价值。这就好比玉雕中的"化瑕为瑜"，将不利要素转化为有利要素，反而使作品更加出彩。

曾经有一道"说'桥'"的作文题，请看下面这位同学的论述段：

基础设施的完善，以及造桥技术的发展，使得如今的桥梁所沟通之事物越发地远。港珠澳大桥的修建使得珠海、香港、澳门被一条大桥沟通起来，极大地节省了三地之间的交通成本。而于山林深谷造桥，使得原来闭塞于山林中的人们可以走出来，看到绚丽多彩的大千世界，也使得外界人员、物资与之交流，加快了脱贫致富的步伐，丰富了人们的生活。

——《说"桥"》

　　很多同学拿到这道题，是按照由实入虚的思维去写的，先论真实意义的"桥"，再论抽象意义的"桥"。很多同学在论真实的"桥"时，往往联系我国的一些名桥加以说理。以上思路倒是不错，可是很多同学列举了诸多大桥之后，只会讲一些"连通了不同地区""促进了经济发展""方便了人们生活"之类的话，正如上面这位同学。并不是说这么写是错的，而是缺乏新意。须知，作文并不是写得对就能得满分，它更要写好、写新！认知打不开，尤其是人文性的理解缺位，写出来的《说"桥"》就特别像一份工程调研报告。

　　我们再看这位同学的论述：

　　本是同根的两地，却因地理相隔，自桥打通的那一刻，便再无彼此之分。自中国近代的屈辱之始，《南京条约》丧权辱国，将香港硬生生与大陆分割百年之久，一个世纪分离的是两岸的音信、相通的文脉，更是愈加疏远的精神、心灵和民族认同。自香港回归，中国便积极打造港珠澳大桥，正是为了紧密联系同胞血脉，使飘荡百年的游子真正归根。可见桥的重大意义便是连通，重新联系两岸人民和那纵使远隔但我本同源的认同，使我们携手共进，创造美好未来。

——《说"桥"》

同样写港珠澳大桥，这位同学显然更具有人文性的视野，不仅看到了交通、经济等社会学层面的联系，更看到了血脉、文化的联系，挖掘出了"桥"更为深层次的意义。可见，同样的素材，思维能够打开，认识能够拓展，就会用出新意。反之，即使拿着宝贝素材，也会缩手缩脚，无从下笔。

3. 选取典型，巧妙表述

一个论述段，素材使用是否得当，要看两个方面：

第一，素材本身是否合适。

很多时候我们在举例子时，虽然关键点也都落实了，逻辑也还说得通，但就是觉得别别扭扭，好像缺了点什么，比如下面这段论述：

> 但并非每个人都对"昨日之我"感到满意，我们都是有主观能动性的个体，可以对昨日之我能动改造。左宗棠在戒烟一事上曾屡次失败，直到有一天他在写作之时忽然觉醒，下定决心一定要为自己健康做长远打算，于是他弃掉家中所有烟具，并告诫儿子监督自己，经过数天努力，在强大的自驱力下蜕变成戒烟成功人士。鲁迅经过幻灯片事件后下定决心弃医从文，拿起笔杆唤醒沉睡的人民，由医学生蜕变为作家。可见我们可以发挥个人的主观能动性，由昨日之我成为想成为的今日之我。
>
> ——《昨日之我与今日之我》

这里引用左宗棠的案例，论述人对昨日之我的能动性改造，这固然是不错的。但是左宗棠这么大的一个历史人物，就拿他说了一个戒烟的事，总觉得是大材小用，俗话叫作"大炮打蚊子"，有种不在点上、格局偏狭的感觉。

也就是说，我们在学了诸多的论述技巧之后，还是要注意一个更为本源的问题，即事例本身是否与该话题契合。因此，一个素材固然可以多角度运用，但是我们还是要努力将其运用到最合适的话题中，使之得其所在，效果才是最好的。

第二，素材表述是否到位。

在考场上，常常能看到一些表述水平非常高的文章。"表述"，并非指文辞优美、语言华丽，而是指在行文中贴合题意、自圆其说的能力。好的表述，并不是花里胡哨、情感泛滥，而是无论写什么，都使人读着流畅明白，且能无比切题。来看这道题：

> 电影《流浪地球》中，人类化险为夷的策略，尽显中华传统文化所蕴含的"化"的智慧。"化"，是化干戈为玉帛，是化惊涛为细流，是化腐朽为神奇……
> 请根据上面的文字，自选角度，自拟题目，不限文体（诗歌除外），写一篇文章，不少于800字。

这道题以"化"为话题，行文所举的事例应该与"化"相关。在考场上，我们发现一位同学以"一带一路"为例论述此话题。其实这个例子不是很好用，因为"带"和"路"它主要起到的作用是联结，用"一带一路"来写"说纽带""说'桥'"倒是不错的，但是写"化"貌似就难一点。"化"这个话题，一定要讲清楚"化……为……"，否则就是不合题。那么用好"一带一路"的关键，就是要说清楚"一带一路"这个事"化"什么为什么。讲得合理，就是合题；讲得牵强，就是偏题。请看该同学的论述：

> 世界飞速发展日新月异，国际化、全球化愈演愈烈。在这样的新形势下，"化"的智慧至关重要。前些年，在"一带一路"倡议中，习近平主席提出了亚洲基础设施投资银行的提议，广受

支持。这其中的思想，便是把孤立的、各自为自己谋利的多个国家，转化为协同合作的一个整体，是"化零为整"的体现。"人类命运共同体"的建设，通过串联各国的利益，使大家为"人类"的利益奋斗，把"气候问题"等看似无法解决的大挑战转化为每个国家出谋划策的任务。可以看出，在国际形势瞬息万变的今天，必须通过对问题的转化、易化，把各国的利益从"歧化"变为"同化"，来使世界维持在稳定的发展中。

——《"化"在今天》

各位，看过之后，我们会觉得这位同学是真不得了！不仅说清楚了"一带一路"如何"化"，又用了一个"化零为整"，概括了"一带一路"政策"化"之智慧，提炼能力非常强大，可谓一词千金！看似不易合题的"一带一路"，在他笔下不仅切合题意，还讲出了深度、体现了高度。这就是表述的功力。该生意犹未尽，在行文的结尾，一连用了四个"化"，死死贴住话题，未曾偏离半步。不过，他用得恰当，用得灵活，丝毫没有硬贴标签的感觉，反而给人一种一气呵成、酣畅淋漓的感受。

下面这段文字同样善于"化"用素材：

中国式浪漫，不独有穿梭宇宙的"天问""祝融"所折射出来的恢宏与壮阔，更有一种诙谐、温暖、含蓄的气质，使人们在面临生活中诸多困难时，多了几分慰藉与鼓舞。在脊髓灰质炎盛行的20世纪60年代，顾方舟和他的团队经过长时间的实验与探索，甚至以身试药，最终研制出了脊髓灰质炎疫苗。在人们为"小儿麻痹"的风险而忧虑的时代，顾方舟为了缓和儿童对口服药物的抵触与不适，用中国人特有的想象与含蓄的温情——将疫苗制成糖丸，让中国人在抗击恶疾的紧张之中多了一份甜蜜的慰藉。于是乎，中国民众更以其独有的含蓄的浪漫，亲切地将顾方舟称作"糖丸爷爷"。这就是中国式浪漫，温情脉脉，淡然从容，予平淡的生活以甜蜜，给冰冷的苦难以微笑。

——孙郁桐《中国式浪漫》

● 评语

应该说，顾方舟研制脊髓灰质炎疫苗的事例是很难与"浪漫"这个话题联系在一起的。而孙郁桐同学却深得"叙述"三昧，抓住了"甜蜜"这个关键点，讲清楚了糖丸疫苗中"中国式浪漫"之所在，这是一层；进一步又点出"糖丸爷爷"这个称呼的浪漫，这是又一层；最后提炼收束，概括出中国式浪漫的特点，可谓"曲终收拨当心画"，铿锵分明，言之凿凿。很多同学的作文，所举的事例明明是恰当的、典型的，但就是表达不到位，写不出此人此事到底浪漫在哪里，阅卷中令人痛惜。当我阅到这一份作文时，不禁越看越喜，拍案叫绝。我朗读此文与同事分享，同事纷纷称赞，都说："这位同学是会写的！"

可见，好的表述能够力转乾坤，"化险为夷"。

综上，可见素材问题，不仅仅是一个"多积累"的问题。考场上素材的运用效果，与我们的素材积累质量、思维灵活程度、语言表达水平是息息相关的。以"议论文论据大全"的思路去积累素材、运用素材，应付成篇倒也没有问题，却永远写不出来高质量的作文。简单地说，想要在素材运用上如鱼得水，以不变应万变，关键就在三点：

积累得细，认识得活，表达得巧。

谋篇布局：设计中心论点与分论点

一、提出中心论点

有句话叫"纲举目张"，一件事情，抓住了要害，其余问题就能迎刃而解。议论文写作的"纲"就是拟中心论点。不过，说来也有趣，很多同学在写作中却不重视中心论点。我常常开玩笑，说有的同学进考场前作文的提纲就打好了：今天分论点得是从个人到国家，论据就是准备好的某某人物。然后拿到题目一套了之。至于中心论点，或随意拟之，或压根没有。

其实，我们举例子也好、设计分论点也罢，最终的目的难道不是证明自己的中心论点么？没有中心论点，写文章干什么呢？所以，议论文应该是围绕着中心论点来设计的，分论点也是围绕着中心论点来展开的。

荀子的《劝学》我们都学习过，《劝学》开篇说"君子曰：学不可以已。"这是借君子之口提出自己的中心论点。那么，要证明"学不可以已"，必然分为两步：

第一，为什么要学。

第二，为什么不可以"已"。

《劝学》这篇文章，正是在这一逻辑下展开论证的。可见，中心论点和分论点是紧密联系的，分论点是由中心论点推演出来的。中心论点好比数学证明题中的已知结论，分论点就是论证步骤。倘若我们没有中心论点,或者中心论点没有质量,后文的层次设计就没有着落,只能是不知所云。因此,下笔之前,首先应拟出高质量的中心论点。

下面以一道例题来说说与中心论点相关的问题。

> "争"既有力求实现的意思,如争气、争光;也有互不相让的意思,如竞争、力争上游;还有争执、争论的意思,如争鸣、争议……冬奥期间,运动员们努力拼搏,"争"是一种积极的表现;而在道家看来,善于避开锋芒,才能游刃有余,"不争"又代表另一种境界……
>
> 请以"争"为话题写一篇文章。
>
> 要求:自选角度,自拟标题;文体不限,文体特征鲜明;书写清晰;不得抄袭和套作;不少于700字。

要拟出高质量的中心论点,首先要保证我们拟的中心论点得是个真正的观点。请看下面几位同学的"观点":

(1) 有人争,有人不争。

(2) 争是不可避免的。

(3) 青少年要勇敢地去争。

(4) 内卷和躺平是当下热门的词语。

(5) 要有所争,有所不争。

这里面,(1)和(4)都不算真正意义上的观点。所谓观点,应该是一种价值判断,是我们对某一个问题的主观性认识。而(1)和(4)是对一种现象的概括,是在表述一种事实,不是观点。当然,事实表述的背后,有时也暗藏着观点。比如韩愈说"古之学者必有师",看似在陈述古代的事实,其实表达了"当下我们也应该有师"这样一个观点。但是这样隐晦委婉的写法并不适合初学者,而且在考场上我们也没有隐晦的必要。

所以，这里是观点的有（2）（3）（5），尽管它们有高下优劣之分，但它们都表明了作者对"争"这个概念的一种态度、一种判断、一种主张。

我们可以对构成观点的要素加以提炼，即：

针对某对象（概念、观点、关系、现象）＋我的态度

好的观点，应该是立场鲜明，表述清晰。譬如韩愈在《师说》中说"古之学者必有师"，苏洵在《六国论》中说"六国破灭，非兵不利，战不善，弊在赂秦"，都是斩钉截铁、立场分明、毫不含糊的。有的同学写文章，瞻前顾后，生怕自己的观点涵盖问题不够全面，将观点层次设计得过于复杂，导致下面七八百字的篇幅根本无法完成论述。因此，什么都兼顾等于什么都不顾，观点一定要干脆、简洁、清晰。

此外，我们还要考虑观点的论证空间。一个观点抛出来，它应该有被论证的可能性，同时具有被论述的价值。简单来说，就是我抛出的这个观点是不是值得论，是不是能论得出内容来。譬如，以学习为话题，如果要论"学习对人有害"，就属于耸人听闻，很难自圆其说，缺乏论述的可能性。当然了，如果你了解老庄的理论"为学日益，为道日损"，也不是不可以论，但这起码是违背常规认知的，没有一定的哲学底蕴搞不定；但是，要论"学习对人有益"，则属于正确的废话，也没什么论述的价值。相比之下，"学不可以已"则是可以论，又值得论，这就有论述的价值和论证的空间了。

我们再来看下面几个观点：

（1）争是不可避免的。

（2）争和不争都有道理。

（3）不争也是一种争。

（4）青少年要勇于竞争。

这四个观点虽然都正确，但是从考场写作来说，却有优劣之分。首先，（1）给人一种话没说完的感觉，我们论证出"争"确实不可避免，然后呢？再看（2），"争"和"不争"都有道理，那就是各自的道理都不多，什么立场也没有。接下来看（3），很多同学非常喜欢拟（3）这种带有所谓辩证色彩的观点，但是我要劝大家在初学阶段慎拟。这一类观点很容易到最后既没说清楚"A"，也没说清楚"非A"，更讲不清为什么"非A也是A"，一通抖机灵，一点也不扎实。

所以，总体来看，观点（4）虽然平淡，却最是稳妥合宜，下文又可以就竞争对青年成长的意义展开论述，有一定的论述空间。可见，好观点并非惊世骇俗、突破常识的。

归纳一下，好的观点应该具有以下特点：

（1）是准确的观点句。

（2）态度鲜明，表述清晰。

（3）具有论述的价值，但不宜过度复杂。

（4）具备展开论述的空间。

此外，好的观点可以有两种类型：

一种是以复合句的形式出现，层次较为丰富细密。

一种是以单句的形式出现，表述较为开阔笼统。

譬如"天时不如地利，地利不如人和"，这就是比较细密的观点，观点中两个层次清清楚楚。那么接下来的论述，必然是先论为什么天时不如地利，再论为什么地利不如人和，以上论述完毕，逻辑上再没有延展的空间了。而"古之学者必有师"，则是笼统的观点。观点只是说"学者必有师"，下边讨论为什么"必有"，论述空间非常开阔自由，只要围绕着"师"的重要性在说，就都在框架内。

且看下面两位同学的观点：

（1）"不争"也是一种智慧。

（2）少一点无谓的"争"，多一点"不争"的从容。

这里观点（1）就属于单句形式的观点，依据此观点，后文的论述方向是论为什么"不争"是一种智慧，可以从 2～3 个维度去论证，自由度较高。而观点（2）是一个复合句观点。严谨的论证，应该先论"少一点无谓的'争'"，再论"多一点'不争'的从容"，两个层次必须历历分明，有先有后。

所以，复合句的细密观点，展开的逻辑比较清晰，但是发挥的空间也比较小，要往细腻、细微处写；笼统一点的观点，写作较为自由，可以大开大合，但是如何发散还要多费脑筋。

二、设计分论点

说完了中心论点，下面我们来说说分论点的设计技巧。需要说明的是，首先，不同题型的分论点设计还是有不小的差别的，具体题型的问题我们将在下编四类议论文解析的各篇范文讲评中予以详细解说；其次，文章的层次设计，贵在一个"活"字，所谓"文无定法"，可以取法，却不能拘泥于成法。因此，这里只讲一些分论点设计的宏观原则，以免有胶柱鼓瑟之弊。

1. 依托中心论点

分论点是用来诠释、证明中心论点的。所以，分论点不应该是预设的，而应该由中心论点推演而来。比如下面这位同学的作文提纲：

> 路边的一根稻草如果没人理睬，它永远是一根稻草。如果用它捆绑白菜，它的身价就与白菜相同；用它捆绑螃蟹，它的身价就与螃蟹相同。其实，人的价值有时也像一根稻草，与自身无关，就看

你与谁在一起。但也有人认为"稻草定律"并非人生宝典，人的价值不应依附他人存在，而在于自身对社会的责任和贡献。

以上材料引发了你哪些思考？写一篇议论文，阐述你的观点和看法。

要求：自主立意，自拟题目；观点明确，论据充实，论证具有逻辑性；语言得体。

● 提纲

中心论点："稻草定律"未必没有可取之处，然而想要"乘风而上"需以提升自我价值为前提，一味地依附攀缘是行不通的。

分论点 1：我们必须肯定"稻草定律"有着合理的一面。

分论点 2：然而，如果腹内草莽，就算在如何依附他人、依附何人上机关算尽，也终是枉然。

分论点 3：由此可见，人生的价值根本上并不取决于与谁捆绑在一起，而取决于自身。

可以清晰地看出来，该同学的分论点是紧贴着中心论点来设计的。

分论点 1 呼应"'稻草定律'未必没有可取之处"。分论点 2 呼应"一味地依附攀缘是行不通的"。分论点 3 在分论点 2 的基础上递进一步，强调人生"需以提升自我价值为前提"。三个分论点形成了一个递推的层次，逐步证明中心论点的合理性。

这种思路我们在教材里是见过的，苏洵的《六国论》，首段说：

六国破灭，非兵不利，战不善，弊在赂秦。赂秦而力亏，破灭之道也。或曰：六国互丧，率赂秦耶？曰：不赂者以赂者丧，盖失强援，不能独完。故曰：弊在赂秦也。

接下来他先论赂秦的国家如何灭亡，再论不赂秦的国家如何灭亡，虽然从事实上来说成立性可疑，但就其写作逻辑来说则相当完整，能够自圆其说。

我们再来看另一种分论点的设计形式：

> 日前，第24届世界哲学大会在我国召开，大会的主题为"学以成人"，它启发我们思考：通过学习成为一个名副其实的人。
>
> 请以"学以成人"为题，写一篇议论文。
>
> 要求：观点明确，论据充分，论证合理。

● 提纲

中心论点：唯有学习，方能使人获得全方位的成长。

分论点1：学习使人从无知到有知，从有知到乐知。从而拥抱知识，走向"成人"。

分论点2：学习使人摆脱愚昧的状态，而拥有理性的思维。

分论点3：除了理性与知识上的助益，学习更可使人的人格趋于高尚。

这位同学受到材料中"名副其实的人"的启发，在中心论点中提出了"全方位的成长"，继而思考"成长"的三个维度：知识、思维、道德，由此形成了三个分论点。这位同学的思路，是扣住中心论点，从某个角度、在某个要点上予以展开诠释，即审题部分所讲的分层思维。

2. 设计逻辑层次

分论点之间常常是需要设计逻辑层次的，几个分论点应该由一条线串联起来，文中的 2~3 个分论点不能毫无关联。我先举个反例来看看：

题目：行以致远

中心论点：唯有行走，我们才能抵达远方，成就伟大。

分论点 1：无论前路是长是短，是险是坦，不"行"则只会站定在原地，一事无成。只有行走，才能有所收获，有所成长。

分论点 2：即使不知路在何方，我们也应当先行走起来。

分论点 3：不仅个人的成长、成功离不开行，文化的发展也是依靠一代代勇于前行的猛士。

该同学的分论点 1 其实已经出现了问题，只是换了一种表达来重复了中心论点，既不是证明中心论点的一步，也不是诠释中心论点的一个方面。这就必然导致他的分论点 2 难以与分论点 1 搭上关系，而分论点 3 则直接硬生生跑到了"文化"问题上，更显得突兀。这就是典型的分论点之间没有逻辑层次。

常见的逻辑层次，有这样几种：

(1) 正反对比。

● 示例

题目：说底线

中心论点：那么，底线何以如此重要？

分论点 1（反）：人一旦没有底线，行为标准就会一再地降低。

分论点 2（反）：从社会面来说，倘若人们普遍缺乏底线意识，那么整个社会将陷入黑暗的阴云。

分论点 3（正）：有时坚守底线并不会带来利益上的好处，甚

谋篇布局：设计中心论点与分论点 | 79

至让我们寸步难行，但它会让我们的精神得到宽慰和充盈。

正反对比论证未必是只写两段，如该同学的提纲，分论点 1、2 按照从个人到社会、由小到大两个逻辑层次，从反面的角度来论述观点，分论点 3 从正面论述观点。正反对比论证最忌讳颠来倒去说车轱辘话，要注意表达上的变化。

（2）由实到虚。

● **示例 1**

题目：走向大世界

中心论点：我们也要大步前行，朝着我们未知的大世界出发。

分论点 1（实）：我们要走向一个用距离丈量的大世界。

分论点 2（虚）：同时，我们还要一个用心灵丈量的世界。

● **示例 2**

题目：自制力与个人发展

中心论点：自制力对个人发展十分重要。

分论点 1（实）：自制自控是我们面对诱惑和顺风坡的调节剂。它让人从财钱权色中离遁，免去祸患，避免身败名裂的结局。

分论点 2（虚）：自制力不仅能防止我们走向歧途，更是我们丰富自己、深化灵魂、强化品性的一笔长远投资。

"实"，指的是空间、物理、事功层面的内容；"虚"，指的是文化、情感、心灵层面的内容。"虚"这一层的内容往往是不容易想到的。在示例 1 中，该生紧紧扣住"大世界"这个关键词，从实虚两个方面展开论述，形成递进。在示例 2 中，该生先从成败的角度来论自制力的意义，再从品性发展的角度来论自制力的意义，也是一种典型的由实入虚。

（3）由小到大。

● 示例 1

题目：谈合作

中心论点：合作才能共赢。

分论点 1（小）：尺有所短，寸有所长。企业之间的合作可以使整体的利益大于个体利益之和，创造出远超单打独斗的能量，产生出巨大的经济价值。

分论点 2（大）：上升到国家层面，在全球化的猛烈浪潮之中，没有人能独善其身。只有和他国握手言和，密切合作，才能在世界格局风云变幻的当今站稳脚跟。

由小到大是考场上最为常见的一种构思。"小"和"大"，都是相对而言的，不必把"小"局限为个人，把"大"局限为人类。比如示例 1 这位同学论合作，以企业为"小"，以国家为"大"，形成了一个递进的层次。

● 示例 2

题目：忧患意识的价值

中心论点：自古以来，人们就认识到了忧患意识的重要性。时至今日，我认为它仍有值得我们思考的价值。

分论点 1（小）：忧患意识的价值不在于告诉我们如何前进，而在于让我们身处高处时，能把心放低，从而避免因骄傲而生的粗心、轻敌，保有谦虚谨慎的态度。

分论点 2（大）：纵观中国历史，王朝之兴盛与衰弱，事之成功与失败，总是循环往复，交替到来，似乎是一种客观规律。而我认为，从宏观讲，忧患意识的价值正在于它能打破此成败循环。

这位同学的逻辑设计就更见高明了。其分论点 1 着眼于忧患意识对个人事业的意义，这是"小"；其分论点 2 则能着眼于历史兴亡的规律，指出忧患意识对治国理政的意义，这就是"大"。很多同学总觉得由小到大这种写法不够高级，这个例子告诉我们由小到大也是可以写得高级的。关键还在于我们的认识水平。

(4) 由浅入深。

● 示例

题目：灾难带给我们的

中心论点：灾难与每个人密切相关，人们的生活轨迹能被它统统打乱。但除却满地狼藉、破碎的心，沉痛之余，灾难还带给我们其他东西。

分论点 1（浅）：灾难迫使每个人经历心灵的成长，对人生价值有更透彻深远的思考。

分论点 2（深）：灾难让人们清晰地看见人性深处的恶与善。它是震撼人心的社会课堂，把美和丑放大数倍呈现。

分论点 3（更深）：灾难促使散落各地的人们携手构筑防线，更让我们沉淀下心，静静体会本应相通的悲欢。

这位同学谈灾难，从生命价值的思考，到人性善恶的洞察，到最后人类悲欢的相通，逐层递进，不断向深处挖掘灾难在悲痛之外带给人们的启迪。他的三个分论点，越来越深刻，越来越幽微，越来越引人深思、唤人共情。由浅入深的写法是比较难以掌握的，需要写作者有很强的洞察力与思考力。

（5）由主到客。

● 示例

题目：化旧为新

中心论点：事物相生相化，在如今的时代发展中，这种古老的智慧再次迸发出了不尽的生命力，即"化旧为新"。

分论点1（主）：将古老的文化化为今日的能量，紧密依托着人的主观能动性。

分论点2（客）：但更为关键的是，中华文化其本身就具有这种化旧为新的质地与潜力。

由主到客，或者由客到主，就是从主体和客体的角度分别来剖析问题。比如这位同学谈中国文化何以能够化旧为新，与时俱进。他先从"化"的主体——人的角度来讨论；再从所"化"的对象，即客体——中国文化的角度来讨论。人在不断努力地"化"，文化资源本身又具备了"可化性"。因此，中国文化可以历久弥新。

（6）由因到果。

● 示例

题目：别让老规矩止于热议

中心论点：所以我认为，老规矩理应重回胡同弄堂里人们的生活中，并应借此将中国传统文化中的礼仪风范带回中华大地。

分论点1（因）：时代飞速发展，带来现代文明的同时也侵蚀甚至瓦解着我们悠久厚重的传统文化。

分论点 2（因）：究其实质，比现代化更加速瓦解着传统文化的，是国人自身崇洋媚外的心理，而这心理背后，则是现代中国人内心的不自信。

分论点 3（果）：所以，这一次源于北京网友的重整北京"老规矩"，则是开启了国人由内而外复兴传统文化的新阶段。

此题要求讨论的是被淡忘的老规矩近日在网上被重提并引发热议这一现象。这位同学与大部分考生侧重于分析老规矩的价值不同，他用了两个层次去分析老规矩被淡忘的原因，从客观、主观两个角度去分析。在此背景下，可知如今老规矩的热议，可谓意义深远，由此得出了分论点 3。此处不必多论，已经扎实而令人信服。倘若没有分论点 1、2，单单拿出分论点 3 的话，则显得无根无据。此外，分论点 3 中"由内而外"一词恰好针对着前两个分论点，真可谓严丝合缝，照顾周全。

除了上面的这些常见常用的逻辑关系，还有比如从古到今、从上到下、从空间到时间等布局形式。题是变的，布局是活的，再长的篇幅也难以穷举。好比武侠小说中的剑术，有招之上是无招，无招之中自有招。遇到具体的题目，还应该具体分析。

3. 相互切割干净

最后要说的是，无论我们按照何种逻辑来设计分论点，一定要保证分论点的独立、明确，几个分论点之间一定要切割干净，不要互相交叉。这里也举一些例子：

● 示例 1

题目：说布局

中心论点：善于布局能使我们心明眼亮，看准局势，从而事半功倍。

分论点 1：布局能让我们对事物的发展有所规划，分清先后次序，从而在应对困难时有所准备，不慌乱。

分论点 2：布局也能使我们把握事物的主次矛盾，抓住关键，立足整体，达到总体功能大于部分之和的效果。

这位同学分论点 1 中的"分清先后次序"和分论点 2 中"把握事物的主次矛盾"其实是一回事，这两个分论点层次不清，相互粘连。

● 示例 2

题目：每一颗星都有自己的功用

中心论点：天生我材必有用，每个人无一例外都有自己的价值。

分论点 1：网缺失了一处绳结就会变得疏漏，每个人都是集体中不可或缺的一环。

分论点 2：每颗星都在一小片夜空里闪闪发光，每个人都有其独特性和闪光点。

这位同学的分论点，虽然不似示例 1 在两个分论点中出现明显的字面交叉，但是仔细一看，每个人都是不可或缺的一环，不正是因为每个人都有独特性和闪光点么？其实这两层本质上还是一层。而且，这个分论点 1 也不是对中心论点的展开，不过是重复了中心论点。

三、辩证性段落的设计

有时候我们希望文章的论述层次更显丰富，思考更显深刻，就需要在正面的主体论述之外，再增加一个辩证性的段落。但是很多同学在考场上，以为只要把前文的观点反过来说说，提醒一下反面情况的存在，这就叫辩证了。其实，问题没有这么简单。所谓辩证，是一种螺旋上升。文中辩证段落的意义，是为了对前文所论形成一个补充，而不是往前走了一百步，这里要倒回去二十步。

比如，"论兼听"这道题，很多同学主体部分谈的是"兼听则明"，大谈"兼听"的意义。到了文末，却习惯性地来一个原地掉头："网络时代信息鱼龙混杂，我们也不能一味兼听，一定要听取对的，排除错的。"这一句话，使前文都白说了。我要是预先知道什么是对的、什么是错的，还"兼听"个什么？不用"兼听"就"明"了，"兼听"了反而有风险。其实，真正有质量的辩证应该按照这样的思路说：

> 当然，在如今网络信息鱼龙混杂的形势下，"兼听"也有使人愈加困惑的情况。不过，此刻我们千万不要因为胆怯和惶恐而闭目塞听，把头埋进沙子里。越是困惑，我们越要勇于"兼听"，乐于"兼听"，将听来的信息分析琢磨、比较研究，得出可信的结论，在"兼听"中越听越清，越听越明。

这里也结合几篇文章，再梳理几种辩证思考的方法。

1. 相关相近概念的比较辨析

> 有位航海家说："风总是偏爱那些知道风向的人。"
> 这句话引发了你怎样的联想和思考？请自选角度，自拟题目，写一篇议论文。

● 提纲

中心论点：唯有准确把握时代特征，投身于时代大环境，才能得到时代助力，谋求个人发展，完成民族使命。

分论点 1：想得到时代之风的偏爱，必须洞悉千变万化背后的演变趋势、本质方向。

分论点 2：除了洞悉风向，更重要的是因风而动、顺风而为的顺应风向。

分论点 3（辩证段落）：我们主张把握趋势、明悉风向，绝非鼓吹一种投机主义。

最近，在社交媒体上，"松弛感"一词火了起来。有人说，"松弛感"是对慢生活的复古怀旧，对现代人很重要；有人说，"松弛感"不仅表现为外在的状态，更体现出个人的内在境界；也有人说，"松弛感"并不适合所有人，尤其是年轻人……

你对"松弛感"有怎样的联想和思考？请自选角度，自拟题目，写一篇议论文。

要求：观点明确，论据充实，论证符合逻辑。不少于 700 字。

● 提纲

中心论点：行"松弛"方能得自由。

分论点 1：松弛感所给予人的，是真正意义上的自由。

分论点 2：松弛感还赋予人们一种能力，那便是在快节奏的生活中放慢脚步，发现细微之处的美好。

分论点 3（辩证段落）：松弛，不是松垮，更不是松懈。

很多词，看似意思相近，实则大不相同。比如智慧与机灵，就有大小之别；联合与勾结，又有善恶之别。上面这两位同学，在主体论述完成之后，前者将"知道风向"与"投机主义"展开辨析，这里"知道风向"更强调依托时势、有所作为，"投机主义"则强调专营谋私、牟利取巧，可以说是义利格局之别；后者将"松弛"与"松垮""松懈"展开辨析，这里"松弛"强调心态的淡然轻松，而"松垮""松懈"则强调懒散无所为。在辨析比较中，将更凸显所论概念的特质。

2. 从反面思考概念

> 中国人自古以来就重视"仪式"，祭拜祖先有仪式，婚丧嫁娶有仪式，动土开业有仪式……今天，在人们的生活中也有各种仪式：国庆大典、颁奖典礼、生日聚会、各种形式的相识纪念……
>
> 关于"仪式"，你有怎样的联想与思考？请以"说仪式"为题，写一篇议论文。

● 提纲

中心论点：仪式在我们的生活中不可或缺。

分论点1：仪式赋予某些事物一种仪式感，从而使之具有特殊性和重要性。

分论点2：一些古老的仪式本身也是一个民族历史、文化的结晶。

分论点3（辩证段落）：然而，虽然形式千变万化，仪式的核心却是人们内心的深情。

"仪"为外在，"式"为程式。因此，"仪式"的本质特征是外在性和程式性。"说仪式"这篇文章，要扣住"仪式"的这两个特征来展开讨论。这位同学在分论点1、2对此问题充分探讨之后，在分论点3方向一转，谈到外在的"仪式"与内在"情感"之间的关联，就其辩证统一的关系展开讨论。

> 预判未来天气为人类提供了诸多便利,"走一步,看三步"是棋手常念的口诀,赛场上精准的预判会带来漂亮的回击……
>
> 请以"说预判"为题,写一篇议论文。
>
> 要求:论点明确,论据充实,论证合理;语言流畅,书写清晰。

● 提纲

  中心论点:"预判",作为一个含义丰富的动词,价值独特。

  分论点 1:"预判"天然带有前瞻属性,能帮助每个个体对未来做好预先准备。

  分论点 2:每个人都有"预判"的能力,但未来是否符合预期,准确率是否可观,则取决于自身的水平高下、素质高低。

  分论点 3(辩证段落):但请注意:预判永远都不是 100% 的"一定会"。我们肯定"预判"价值,但从来不是在迷信"预判"。

这位同学的分论点 1 论述"预判"的意义,分论点 2 论述如何准确预判。到分论点 3 这里,他想到了"预判"的局限性,即不可能 100% 准确,并且某种意义上限制了我们发展的可能性。由此得出了对待"预判"的理性的态度。

事物都是一体两面的,都是具有辩证性的。我们从事物的对立面、从事物的局限性来想一想,往往会另有所得。不过,行文中我们肯定应该先讨论主要的、突出的一面,先立其主体,再从另一方面做补充性的论述,则有主有次、辩证而立体。诸如上面两道题,如果我们一上来就开始论情感对"仪式"的重要意义以及"预判"的局限性,就显得有些跑偏。

不过,很多同学有一种奇怪的思维习惯,拿到一个概念,首先不是正面思考这个概念本身，而是喜欢跑到它的对立面上去，美其名曰"辩证"。比如，题目是"读书"，他要说"行路"；题目是"争"，他喜欢说"不争"；写"英雄"，他偏要写普通人……这类同学的思维好比抹了油，一上来就滑到对立面去，导致应该写的本位概念没有写充分，这不是真正的辩证思考。

2022 年我们曾经写过这样一道题：

> 日历翻到十二月，2022 走到了一年的终章。卡塔尔世界杯已正式拉开大幕，梅西、C 罗领衔的老将们也开启了自己的世界杯终章。终章，是完结；但有时我们也说，一切终章，皆为序曲。
>
> 你对"终章"有怎样的感悟和思考？请自选角度，自拟题目，写一篇不少于 700 字的议论文。

此题以"终章"为话题，文章自然是要围绕着一个"终"字来做。"终"，强调的是终止、完结。面对生活中诸如毕业、退役、退休、计划完工之类的终结性事件，我们应如何理解这些"终章"的意义？我们又该如何努力实现一个不留遗憾的"终章"？当"终章"来临，我们又该如何自处？这是本题的重点所在。

但是不少同学偏偏只盯住了材料中这句话："一切终章，皆为序曲。"于是，就出现了一篇篇重点跑到了"序曲"上的作文，来看这篇文章的开头两段：

以终为始，行稳致远

"有善始者实繁，能克终者盖寡。"也有人说：所有过程，皆为序章。古往今来，对于终点与起点的思考从未停止。终章是一路艰辛的收获，也是另一段旅程的开始。序曲，是面对未知的开局，也是到达终点后的再次突破。

以终章为序曲，就是要放下终章，重新出发。袁隆平院士在培育水稻过程中不断失败，但他把每次失败都当成重新开始，总结经验，最终成功培育出杂交水稻；科比是 NBA 冠军，但他把每一天当成全新的开始，放下荣誉，在训练中投上万个球。到达终点后需要有冷静的头脑和足够的自制力，不在终点欣赏自己过往的荣耀，而是让终点开启序曲的希望。

我们看这篇文章，从一开头就把"序曲"牵扯进来，挤占了"终章"的空间，模糊了文章的重点。到第二段，直接把"终章"放下了，这还谈什么？而且在这段论述中，袁隆平培育水稻失败了，怎么就是"终章"？科比的每一天，又哪里是"终章"？作者太着急去写"终章也是序曲"这个辩证关系，结果"终章"本身没有写清楚。

我们再来看一篇文章的第二、三段：

"终章"向我们宣告了某件事情的尾声，为此前的努力与付出画上圆满的句号。这个"句号"，让我们看到了过去付出的意义，正如现在的我们看着日历翻到 12 月，在岁末回顾一年来的成长印记，品性学识有所历练和提升，收获一段闪亮的奋斗历程。因而，"终章"可以说是一种对过往的"回馈"，使我们关注到某一阶段的变化与结果，它是人生发展必不可少的里程碑。

不过，"终章"不仅连接着"过去"，更为我们搭建起通往"未来"的桥梁。"终章"里蕴含着新生的力量。树木的枯荣似乎宣告走向"终章"，但如若不以此来抵御严冬，又何以拥抱第二年的春天？可见"终章"有时是一种对未来的序曲，预示着一段新篇章的开启。没有树叶的凋零，我们就难以看到春意盎然的新生；没有高中生活的"终章"，就没有走向社会开阔视野的大学生活；没有运动员职业生涯的"终章"，就不会有成为教练、进而培养下一代后浪的全新使命。

显然，这位同学更懂得循序渐进，先扎扎实实地论述了"终章"本身，再往前一步，讨论"终章"和"序曲"的关系。所以，并不是说我们不能辩证思考，而是说文章的重心应该是题目本身，先把题目本身谈好，再延伸出去，展开辩证。尤其是议论文的初学者，应该先从学会正面论证入手，不要急着出奇制胜。而且，就算要谈"一切终章，皆为序曲"，也要落实好什么"终章"开启了什么"序曲"，这"终章"何以能开启"序曲"。

3. 为观点的成立补充条件

> 《荀子》中说："道虽迩，不行不至。"是的，如果不迈开双腿向前走，即使是很近的路，也永远到达不了目的地。何况，个人成长，事业进步，国家发展，文明延续，都有一条漫长的路要走，"行"是到达远方所必需的。
>
> 这段文字引发了你怎样的联想和思考？请以"行以致远"为题，写一篇议论文。

● 提纲

中心论点：在当前这个竞争激烈、呼唤实干的时代，我们应当行以致远。

分论点1：行，能够塑造我们脚踏实地的实干精神。

分论点2：行，能让我们通过实现一个个小目标进而实现大目标。

分论点3（辩证段落）：但须知，行以致远，亦有条件，即对所行之方向的选择。若走上歧路，那么纵使脚踏实地，循序渐进，也会离既定目标越来越远。

这一点是比较容易理解的。分论点 1、分论点 2 从脚踏实地的实干精神与积小目标而成大目标两个方面解释了"行"何以能"致远"，完成了对观点的论证。在分论点 3 处又补充了一个条件，即"方向的选择"，使得论证再上层楼，显得更为缜密。

我们写作文，都有拟提纲的经验。所谓拟提纲，正是在谋篇布局。提纲虽然简练，拟好却着实困难。总体来说，中心论点要有质量，分论点要有逻辑。这里涉及理解题意、逻辑构建、语言表达等多方面的能力。虽然本篇讲了多种方法，但最为可贵的还是灵活。大家不妨在阅读了本书下编的范文之后，再回来看看本章的内容，一定会有更切实的体会。

开篇设计：如何写好开头两段

万事开头难，写文章更是如此。有时文章的主体思路已然清晰，却卡在了开头，不知如何下笔。古人云："凤头、猪肚、豹尾。"这是强调开头要漂亮，要警拔，能吸引读者的眼球。比如说马尔克斯《百年孤独》的开头：

> 多年以后，面对行刑队，奥雷里亚诺·布恩迪亚上校将会回想起父亲带他去见识冰块的那个遥远的下午。

这"颠三倒四"的时间线，可谓石破天惊，前所未有，令人印象深刻。

不过，同学们写议论文，千万不要片面地追求表达的奇和巧。毕竟议论文不同于小说这类文学性文体。议论文最为看重的还是逻辑。因此，请大家先明确，议论文首段的核心任务：

提出中心论点（或抛出中心问题）。

为什么把首段称为"引题"呢？就是因为我们要在首段把中心论点或者中心问题引出来。很多同学会问："不是有一种叫作'卒章显志'的写法么？我把中心论点放在最后抛出来好不好？前头我藏着。"我明确地告诉大家：不好。考场作文有考场作文的特点，开篇快速亮明观点，不仅有利于阅卷老师迅速明确本文的论点，据此评判全文的论证质量，更有利于自己在考场上找准写作方向，避免东拉西扯，行文散架。

一、首段"引题"

下面结合语文教材中的几篇文章,为大家归纳一下首段引出论题的几种主要形式:

1. 开门见山式

● 案例 1

君子曰:"<u>学不可以已。</u>"

——《劝学》

● 案例 2

<u>古之学者必有师。</u>师者,所以传道受业解惑也。人非生而知之者,孰能无惑?惑而不从师,其为惑也,终不解矣。生乎吾前,其闻道也固先乎吾,吾从而师之;生乎吾后,其闻道也亦先乎吾,吾从而师之。吾师道也,夫庸知其年之先后生于吾乎?是故无贵无贱,无长无少,道之所存,师之所存也。

——《师说》

● 案例 3

<u>天时不如地利,地利不如人和。</u>三里之城,七里之郭,环而攻之而不胜。夫环而攻之,必有得天时者矣,然而不胜者,是天时不如地利也。城非不高也,池非不深也,兵革非不坚利也,米粟非不多也,委而去之,是地利不如人和也。故曰,域民不以封疆之界,固国不以山溪之险,威天下不以兵革之利。

——《孟子》

要点：开篇即点明中心论点，并做简要阐释，丝毫不绕弯子。

2. 反面切入式

● **案例 1**

六国破灭，非兵不利，战不善，弊在赂秦。赂秦而力亏，破灭之道也。或曰：六国互丧，率赂秦耶？曰：不赂者以赂者丧，盖失强援，不能独完。故曰：弊在赂秦也。

——《六国论》

● **案例 2**

中国一向是所谓"闭关主义"，自己不去，别人也不许来。自从给枪炮打破了大门之后，又碰了一串钉子，到现在，成了什么都是"送去主义"了。别的且不说罢，单是学艺上的东西，近来就先送一批古董到巴黎去展览，但终"不知后事如何"；还有几位"大师"们捧着几张古画和新画，在欧洲各国一路的挂过去，叫作"发扬国光"。听说不远还要送梅兰芳博士到苏联去，以催进"象征主义"，此后是顺便到欧洲传道。我在这里不想讨论梅博士演艺和象征主义的关系，总之，活人替代了古董，我敢说，也可以算得显出一点进步了。

但我们没有人根据了"礼尚往来"的仪节，说道：拿来！

——《拿来主义》

要点：先摆出对立观点，从反面入手，再转而提出自己的观点，也就是先找一个假想敌。

3. 起兴引入式

● 案例

<u>臣闻求木之长者，必固其根本；欲流之远者，必浚其泉源；思国之安者，必积其德义</u>。源不深而望流之远，根不固而求木之长，德不厚而思国之理，臣虽下愚，知其不可，而况于明哲乎？人君当神器之重，居域中之大，将崇极天之峻，永保无疆之休。不念居安思危，戒奢以俭，德不处其厚，情不胜其欲，斯亦伐根以求木茂，塞源而欲流长也。

——《谏太宗十思疏》

要点：先打若干个比方，形成类比，进而引出自己的观点，类似于《诗经》起兴的手法。

4. 摆出现象式

● 案例 1

<u>舜发于畎亩之中，傅说举于版筑之间，胶鬲举于鱼盐之中，管夷吾举于士，孙叔敖举于海，百里奚举于市</u>。故天将降大任于是人也，必先苦其心志，劳其筋骨，饿其体肤，空乏其身，行拂乱其所为，所以动心忍性，曾益其所不能。

——《孟子》

● 案例 2

<u>今天，我们迎来了一个更加注重精细品质和独特体验的时代</u>。"我真的是希望工匠精神可以变成我的墓志铭。"不久前，一

位生产智能电器的企业家如是感慨。企业对高精尖、炫彩酷的不懈追求，同工匠精神不谋而合。像手工匠人一样雕琢技艺、精致产品，企业才有金字招牌，产品才能经受住用户最挑剔眼光的检验。

——《以工匠精神雕琢时代品质》

要点：先列举相关的事件和现象，再引出自己的观点。

5. 文化溯源式

● 案例 1

我这题目，是把《礼记》里头"敬业乐群"和《老子》里头"安其居，乐其业"那两句话，断章取义造出来的。我所说的是否与《礼记》《老子》原意相合，不必深求；但我确信"敬业乐业"四个字，是人类生活的不二法门。

——《敬业与乐业》

● 案例 2

在中国传统教育里，最重要的书是"四书"。"四书"之一的《大学》里这样说：一个人教育的出发点是"格物"和"致知"。就是说，从探察物体而得到知识。用这两个词语描写现代学术发展是再恰当也没有的了。现代学术的基础就是实地的探察，就是我们现在所谓的实验。

——《应有格物致知精神》

要点：通过名人名言，或经典文章，来引出自己要谈论的话题。增加论题的厚重感。

二、第二段"承题"

"承题",是第二段的任务。议论文的第二段,切莫急着展开论述,我们不妨先做些准备工作,为下文的主体论述做好铺垫。也就是说,第二段在议论文中应该是一个承上启下的段落。常见的承题有如下设计。

1. 界定概念

对题目中要论述的核心概念予以界定。可以给核心的概念下定义,也可以谈谈概念的特质、概念的外延。倘若概念有多层内涵,也可在本段分层阐明。尤其是概念类作文,多采用这种写作思路。界定概念时,不妨使用一些技巧,比如"是……,更是……,不是……"的句式,或者"从表面看,……;从实质看,……"这样由表及里的思维形式。能够帮助我们加强思维的深度,增强表达的效果。

例题 1

> "品牌"是商业用语,品牌的内涵是指它所包含的个性、价值和文化,个人、集体、国家等都应该有自己的品牌。
>
> 对"品牌"你有怎样的思考?请自选角度,自拟题目,写一篇不少于 800 字的议论文。

● 例文

中国公司应有"品牌"意识

如今中国品牌的负面新闻被屡屡曝光。长生制药公司疫苗造假,三鹿奶粉被查出有毒物质……我们疑惑,"中国品牌"究竟去了哪？如何塑造令人敬佩的品牌？我想，中国公司应该具有"品牌意识"。

<u>何为"品牌意识"？品牌意识不仅仅指品牌的"标牌"，更重要的是它所包含的个性价值和文化"品味"。所谓品牌，先有其品，后有其牌。当一个公司拥有品牌意识时，他们便会主动去打造一个有名誉、有个性、有价值的品牌。正如我们的名字一样，"雷锋""董存瑞"不过只是姓名，但它们却包含着民族大义和令人敬佩的精神。拥有品牌意识不仅是一个简单的姓名，更重要的是塑造品牌精神。</u>

例题 2

以"自制力与个人发展"为题，写一篇议论文。
要求：观点明确，论据充分，论证合理。

● 例文

自制力与个人发展

当下，诸多电子产品走进大众生活，随之而来的是难以抵御的诱惑。每一款娱乐软件的背后皆有一个团队的力量，千方百计引人注目，于日积月累之间蚕食着人们的自制力，也威胁着人们的未来发展。因而在如今，自制力于个人发展的意义尤为重大。

<u>自制力，指对外界诱惑的抵御能力，是一种自我约束，其力发自内，而非来自外。</u>自制的实质，乃是人类以自觉之理性塑造完满之自我的过程。拥有了自制力，我们便实现了一种自我控制、自我主导，从而在某种程度上具备了掌控自身未来发展乃至个人命运的能力；而丧失了自制力，则无异于将命运主导权移于

他处，我们将一步步沦为他人或外物的傀儡，前途发展或阴暗不定，或一片晦暗。

📝 例题 3

预判未来天气为人类提供了诸多便利，"走一步，看三步"是棋手常念的口诀，赛场上精准的预判会带来漂亮的回击……

请以"说预判"为题，写一篇议论文。

要求：论点明确，论据充实，论证合理；语言流畅，书写清晰。

● 例文

说预判

赛场上的精准预判，留下了一个个"名场面"，博得满堂彩；生活中对未来的准确前瞻，增强了信心，也带来了继续前行的勇气。"预判"，作为一个含义丰富的动词，价值独特。

"预"，即预测，预想；"判"，即判断，下结论。其强调的是对已知信息、资源、局势充分综合思考后，而对未来的一种估计、断定与前瞻。"预"是大脑中思维逻辑对可发生之事的模拟过程，"判"则是定量、定性的价值判定。有别于"布局"，"预判"并不是对已知信息的平面铺展，而是在时间维度上的纵深延长。

2. 摆开现象

列举与题目话题相关的现象，可以表明论题具有普遍性，有论述的价值，而且可以增强文章的现实指向性。

例题

当代学者周濂说过这样一句话,"你永远无法叫醒一个装睡的人"。装睡的人,内心是清醒的,只是出于各种和自己有关或有利的目的而表现为逃避、拒绝或者浑然不觉。有的人说,装睡的人早晚会醒来;有的人说,既然是装睡,他们永远也醒不过来。

请以"那些装睡的人"为题目,写一篇议论文。要求观点明确,逻辑严谨,论述完整。

● 例文

那些装睡的人

闷热昏暗的狭小车厢里,一位老人刚刚上车不久,正颤巍巍地扶杆而立。好似是这暑热给人带来了困意一样,人们一个个都睡眼惺忪。可笑的是,那位衣冠楚楚的年轻白领,这位衣着光鲜的女士,刚刚还在玩着手机面露笑意。我们当然可以对这些显而易见的装睡者嗤之以鼻,可装睡的人又何尝仅仅是他们?

遇到跌倒的骑车老人立即装作睁眼瞎避而远之,回家后却又化身"键盘侠"痛斥世风日下、人心不古,在道德制高点享受自我崇高;在地铁上望着对面座位一地的瓜子皮,白眼不知翻了多少个,全车厢却从始至终无人发声;分明看见了谁是谁非,却还是选择随波逐流、应声附和,以看客的姿态攻击处于弱势的一方……以上种种,哪个不是同样的装睡者?他们都有着或光鲜或粗陋的外表,但无论谁的心里,都住着鲁迅笔下的花白胡子和驼背五少爷。百年前的看客心理披上现代的外衣,仍旧深深寄居在当代社会的内核之中。

3. 让步蓄势

在正式论述中心论点之前，先让一步，肯定对立观点也有一定的合理性。随之一转，指出其局限性，强调本文的观点更对、更好。"以退为进"这种写法，一方面可以丰富文章的层次，另一方面也能彰显写作者思维的成熟与周全。

✎ 例题

> 有人说，仪式不过是一种形式，其实可有可无；有人认为仪式内涵丰富，不可或缺；有人觉得，身处快节奏的社会，可以没有仪式，但不能没有仪式感……
>
> 以上材料引发了你怎样的联想和思考？请自选角度，自拟题目，写一篇议论文。

● 例文

没有仪式感又何妨

仪式，作为一种存在已久的形式，必是有其价值所在的。然而近来屡屡出现的"仪式感"三字，却令我不太赞同。我认为，在日常生活中，我们不妨少些仪式感，这样我们的生活会变得更加高效与自由，更加接近实质。

<u>诚然，在一些事情上，我们是应该讲究仪式，注重仪式感的。各个高中一般都有"成人礼"这项仪式，来纪念，或是提醒每个学生作为一名十八岁的公民的义务与权利。在这件事上，仪式感传递了一种责任，不可缺少。</u>然而在日常生活中，我们讲究的是"断舍离"，我觉得仪式感在精神上的正面作用如果不大，

我们不妨将其舍去。

4. 驳斥异见

在第二段先展开驳论，批驳对立观点，随后再展开正面论述，是一种先驳后立的思路。对观点类作文，这类写法尤为适用。

例题

> 有人说，多方听取不同意见，会让我们明辨是非、智慧通达，所谓"兼听则明"。也有人说，大数据时代每天都有各种各样的"声音"向我们涌来，"兼听"更容易让人产生困惑，甚至迷失自我。
>
> 以上关于"兼听"的看法，引发了你怎样的联想和思考？请写一篇文章。
>
> 要求：题目自拟，立意自定；文体不限（诗歌除外）。将题目写在答题纸上。

● 例文

网络时代下的兼听

大数据时代，社会热点层出不穷，每一件事都成为折射社会善恶是非的多棱镜。有人仗义执言，有人道貌岸然，有人漠不关心，如何在汹涌的声音浪潮中保持自我清醒独立的认知？这恰恰需要我们学会耳听八方，兼听多方意见，明辨是非。

<u>有人以为"兼听"会让我们迷失自我，其实不然。假如一个人只听信一家之言，偏执顽固，极容易管中窥豹，自以为看清真相，指点江山，却只会成为他人手中的工具，失去自主的判断能</u>

力。此时"兼听"的意义便展示出来了。多方听取不同意见，再结合自己的经验认知加以评判，最终形成自己的观点，这便是"兼听"。它能让我们不囿于成见，不摇摆不定，也能让我们清晰价值评判，明辨是非对错，智慧通达。

5. 统领下文

有的时候，还可以在第二段的结尾设计一个统领下文的句子，以更好地呈现下文的论述思路。

例题 1

> 孔子说"绘事后素"，意思是先有白色的底子，才能在上面绘画。油画创作中，第一层着色被称为底色，底色会影响整幅画的色调。其实，一个人具有或选择怎样的底色，与他的人生发展密切相关。
>
> 请以"谈底色"为题，写一篇议论文。要求：观点明确，论证合理。

● 例文

谈底色

几千年前仲尼的一句"绘事后素"，在如今又有多少人铭记呢？一如作画先上底色方可成作，人生的路途漫长，坎坷波折不计其数，但终究离不开人心中的底色。人的底色不是天生的，而是外界濡染的，这般底色之于一生，影响深远。

对人而言，究竟何为底色？我认为底色乃是一个人骨子里的信仰，是他心底的价值观、人生观。对人底色影响最为关键的，应当是一个人的家教和耳濡目染的家风。因而，底色大多是在孩提时代所感染的风气中形成的。忠厚传家之门必出忠君之志士，诗书继世之户必出谦谦君子。底色之于人的内在气质和人生导向，作用可见一斑。

（下文从内在气质、人生导向两个方向论述。）

例题 2

散文《岭上多白云》的作者称汪曾祺是"一个苍茫的远行者"。其实，我们生活中有很多"远行者"，各自演绎着精彩的故事。

请以"远行者才有故事"为题，写一篇文章，文体不限。要求：思想健康，内容充实。

● 例文

远行者才有故事

人生如梦，且行且歌。行之远者，历苦难，磨身心，砺精神，方有故事，生命因此可歌、如歌。我站在无数远行者的足迹上，阅读，品味，前进复停驻，重温着他们的故事，也谱写着我们自己的故事。

何谓远行者？足迹遍布四野，心却固守一隅者并非远行；足不出户，精神却历经锤炼打磨，已臻新境者却可谓远行。何谓有故事？一人的人生精彩，却是孤独的精彩，寂寞的高潮，不可称其为故事。可经历若是由人交互所得，即使蕴含的只是最为平凡温和的情感，亦可称其为故事。远行者才有故事，事实上是远行者的生命特质才能满足故事的要素需求：一则曰人，一则曰情，三则曰命。

（下文分人、情、命三个层次论述。）

本章的核心思想是希望大家认识到开头两段的作用。开头并不是漂亮生动吸引读者就好，而是要完成它的任务的。尤其请大家树立"第二段意识"，一个完整的开篇设计，不仅要考虑开篇的几句话，还要考虑第二段的设计。我们不必在第二段就急着展开论述，可以把相关的铺垫性动作做好，再往下行文，使文章的论述更扎实、更从容。

文章升格：找准文章提升的着力点

本章为大家呈现的是一篇议论文如何逐渐升格，从合题作文修改为优秀作文，进而至顶尖作文。这里的"升格"，不是推倒重来、另作一篇，而是在作文现有的立意、选材、布局、语言表达的基础上加以调整、修订，使之再进一步，实现提升。很多同学的作文，其实只要在几个关键的地方稍加调整，即可有较大的改观。升格示范的用意，就在于启发同学们找到作文提升的着力点。下面我们结合例题、例文予以讲解。

1. **典型例题**

> 有人说，生命是一条长河，今日之我源自昨日之我；有人说，生命在于蜕变，今日之我必须打破昨日之我；还有人说，生命是不懈的追寻，今日之我可能回归昨日之我……以上说法对我们思考个人成长、社会发展、文明赓续都有启发。
>
> 请以"昨日之我与今日之我"为题目，写一篇议论文。
>
> 要求：论点明确，论据充实，论证合理；语言流畅，书写清晰。

2. **升格示范**

昨日之我与今日之我（一稿）

东海钓叟

人的一生，由无数个昨日之我和今日之我连缀而成。告别了昨日之我，又迎来今日之我。生命如一条长河，流淌不息，循环不止，而"我"，便是在这时间的循环之间不断领悟，不断成长。

所谓"我"，不惟肉身之我，更是精神之我。人生之成长，皆须打碎昨日之我，创生今日之我。正如陶渊明在《归去来兮辞》里写道："实迷途其未远，觉今是而昨非。"<u>毅然告别那个在官场中迷失天性的旧我，奔赴田园中自由自在的新我。</u><u>苏洵少年不学，二十五岁始知天下有学问一事，折节而读书，这才有了后来轰动文坛的苏老泉。</u>《大学》里说："苟日新，日日新，又日新。"告诉我们要不断开创新我，倘若不能自新，为人便失去持续前进的动力。所以，欲有所立者，必怀抱一种勇猛精进的精神，突破昨日之我，今日之我始卓然挺立。

然而，今日之我又自昨日之我来。今日要完善自我，离不开对昨日之我的回味与反省。正是对年少时"格竹子"的荒唐之举不断反思，才使得<u>王守仁愤而启、悱而发，龙场一悟，遂成就了一位"此心光明"的阳明先生</u>；正是那一段救不了中国人的学医经历，启发了<u>后来的鲁迅从"病与药"的角度来解剖民族的劣根性</u>，才有了那一把如手术刀般锋利的笔来把黑暗解剖给世人看。可见昨日的经历、见闻都是构建今日之我的宝贵财富。

所以，没有昨日之我的突围，就没有今日之我的新生；没有昨日之我的沉淀，就没有今日之我的树立。人生之前进，既要勇于向昨日告别，也要勇于向昨日回首。我们在生活中，或因于昨日之我，不愿、不敢向前一步，沉迷于曾经的苦难与荣光，走不出一段段的旧时光；或又无视昨日之我，急匆匆向前奔去，成了没有来处的人。归根结底，是没有找到我在时间之中的立足点。

人生是前行不止的，必经一场又一场自昨日而今日的蜕变。愿我们在一次次的打破与新生之中，成就更好的自我，走向更好的明天。

👉 **阅读小贴士**：注意看文中举例是如何落实观点的。

本文其实有一个"小心机"，在举苏洵的事例时，特地使用了"苏洵""苏老泉"两种称呼，这是在暗示苏洵从昨日到今日的变化。同理，举王阳明的事例时，先称之为"王守仁"，后称之为"阳明先生"。此两处皆属于暗中点题。

昨日之我与今日之我（二稿）

东海钓叟

李太白诗云："弃我去者，昨日之日不可留。"不错，昨日之我且去，今日之我方来。而俯仰之间，今日之我又为陈迹。岁月如水，恒动不居，不得不令孔子也慨叹起"逝者如斯夫，不舍昼夜"。而"我"，便是在这时间的循环之间不断领悟，不断成长。

所谓"我"，不惟肉身之我，更是思想之我、精神之我、心灵之我。肉身之我，自然而然地新陈代谢，自幼而长，自长而老；而精神之我，亦有其吐故纳新，须凭借我之努力不辍，自浅薄而饱满，自单调而丰盈。

不破则不立。人生之成长，皆无免于打碎昨日之旧我，创生今日之新我。苏洵少年不学，二十五岁始知天下有学问一事，折节而读书，这才有了后来轰动文坛的苏老泉。《大学》里说："苟日新，日日新，又日新。"倘若不能自新，没有"年五十而知四十九年非"的决绝，"昨日"两字便不啻囚笼，将活泼泼的我困在旧的认知格局之中，失去持续前进的动力。故而如孔子者，十五至于七十，生生不息，努力不止，一岁有一岁的境界，一日有一日的新我。所以，欲有所立者，必怀抱一种勇猛精进的精神，昨日之我既毅然挥别，今日之我始卓然挺立。

然而，今日之我又自昨日之我来。昨日所读之书、所历之事，皆是构筑今日之我的基础。今日要完善自我，离不开对昨日之我的回味与反省。正是对年少时"格竹子"的荒唐之举不断反思，才使得王守仁愤而启、悱而发，龙场一悟，遂成就了一位"此心光明"的阳明先生；正是那一段救不了中国人的学医经历，启发了后来的鲁迅从"病与药"的角度来解剖民族的劣根性，才有了那一把如手术刀般锋利的笔来把黑暗解剖给世人看。所以，人生之前进，不仅要勇于向昨日告别，也要勇于向昨日回首，看那昨日的喜与悲、错与对，以昨日之是非为今日之参照。

所以，没有昨日之我的突围，就没有今日之我的新生；没有昨日之我的沉淀，就没有今日之我的树立。个人之如此，我们民族之文化、国家之发展亦如此。没有新文化运动的呐喊，如何砸碎封建礼教的枷锁？没有激光照排技术的发明，又如何使汉字走进光与电的今日呢？反过来看，正是对传统美学的借鉴与吸收，才有了当下爆火的"唐宫夜宴""只此青绿"。正是故宫文创团队对传统元素的挖掘，才开启了一波又一波的中式文创热潮。昨日的文化必经今日潮流的洗礼，方能焕发生机。今日的文化必汲取昨日传统的营养，方能厚重有味。

生命也好，文化也好，其本质是发展的。无论是小小的"我"，还是大大的"我们"，都必经一场又一场自昨日而今日乃至于明日的蜕变。在一次次的打破与新生之中，成就更好的自我，走向更好的明天。

☞ **阅读小贴士**：注意文中画线处分析性的句子。

昨日之我与今日之我（三稿）

东海钓叟

李太白诗云："弃我去者，昨日之日不可留。"不错，昨日之我且去，今日之我方来。而俯仰之间，今日之我又为陈迹。每每念及杜甫的"人生忽如昨"，未尝不有人生无常之慨。然而转念想来，人的一生，正是在"方生方死，方死方生"的循环之间对自我迎来送往，继而不断感悟、不断成长。

所谓"我"，不惟肉身之我，更是思想之我、精神之我、心灵之我。肉身之我新陈代谢，自幼而长，自长而老；而精神之我，亦有其吐故纳新，须凭借我之努力不辍，自浅薄而饱满，自单调而丰盈。

故而有志者从不惮于打碎昨日之旧我，创生今日之新我。如破茧成蝶一般，焕然一新。苏洵少年不学，二十五岁始知天下有学问一事，折节而读书，这才有了后来轰动文坛的苏老泉。《大学》里说："苟日新，日日新，又日新。"倘若不能自新，没有"年五十而知四十九年非"的决绝，"昨日"两字便不啻囚笼，将活泼泼的我困在旧的认知格局之中，失去持续前进的动力。

<u>所以，今日之我始于突破昨日之我。</u>

然而，今日之我又自昨日之我而来。昨日所读之书、所历之事，皆是构筑今日之我的基础。今日要完善自我，离不开对昨日之我的回味与反省。正是对年少时"格竹子"的荒唐之举不断反思，才使得王守仁愤而启、悱而发，龙场一悟，遂成就了一位"此心光明"的阳明先生；正是那一段救不了中国人的学医经历，启发了后来的鲁迅从"病与药"的角度来解剖民族的劣根性，才有了那一把如手术刀般锋利的笔来把黑暗解剖给世人看。所以，人生之前进，不仅要勇于向昨日告别，也要勇于向昨日回首，看那昨日的喜与悲、错与对，以昨日之是非为今日之参照。

<u>可知，今日之我更成于反思昨日之我。</u>

<u>所以，有志者敢于突破昨日之我，而有智者善于借鉴昨日之我。然而，此二者终究是把昨日之我与今日之我看作两者。其实，自其不</u>

变者观之，两我何尝不是一我？所以，有境者不忙告别昨日之我，也不忙反思昨日之我，而是以一种不必执着的平和之心来接纳昨日之我。如苏轼者，对昔日朝堂上的意气风发与今日黄州、惠州、儋州的潦倒蹉跎--概淡然视之，与昨日之我坦然相对，怡然相望。遂能以今日之自我，快然于明月大江之上。当我们走不出昨日的羁绊——或为曾经的痛苦所伤，或为曾经的荣光所累，希望我们能够不以昨日之物喜，不以今日之己悲，凡是过往，皆为我有，以此得人生逍遥。

因此，今日之我最终升华于悦纳昨日之我。

孔子那一段十五、三十而至七十的人生自况，使我赞叹这位感伤于"逝者如斯夫"的诗人其实更是超拔于时间的智者。今日之自我，由昨日之自我而来；明日之自我，又由今日之自我而去。我们当然无法因为遗憾而回到过去，也无法因期盼而前往未来。但是我们不妨如同孔子，一岁有一岁的成长，一日有一日的喜悦，缓步轻履，和乐怡然，稳稳地走好"我"的人生之路。

☞ **阅读小贴士**：注意体会文中画线句对彰显文脉的作用。

3. 写作杂谈

此题是北京市海淀区 2024 届高三一模考试题。考前月余，海淀区教研员周曼云老师闻知我有写作文的"雅好"，命我在一模考试之后写三篇示范文章：一篇一类下，一篇一类中，一篇一类上，为即将高考的同学们做一次升格示范。我一听，虽然预感其难度不小，却依旧欣然领命，因为这件事不仅有意义，而且有意思。

因此，一模考试结束的当天，我即开始动笔。实际上，我最先完稿的是第二篇，即一类中的作文。然后在此基础上逆向修改为第一篇。各位读者一定可以发现，第二篇较之第一篇，一言以蔽之，就是思考更为丰富、分析更为饱满、语言更为生动的一个升级。

所谓思考更为丰富，即第二篇主体论述段有三层，在论述了个人之我的两层之后，递进至民族文化层面，实现了论域的扩展，而第一篇在第二、三两段论述后即进入总结收尾。

所谓分析更为饱满，即第二篇对概念的解析、对观点的分析更为细致，而第一篇概念界定有而不精，主体论述段有事例的印证，缺乏深入的分析。

所谓语言更为生动，请看两篇文章的首段即可明了。

············

如之前所说，写好议论文的基础是审题准确，那么在准确的基础上，如何再将作文提升一个档次？其实，我在这里想呈现的是，或许思考再多一个层次、概念认识再展开一点空间、说理论述再加一点纵深……是不是我们就有可能更上一层楼？

所以，"升格"不是另起炉灶，这里摆出来的三篇作文不是毫无关联的三篇不同得分的文章，我要为大家呈现的是一种自我生长的可能。

那么我们现在就要谈一谈第三篇了。实际上，可以说第二篇已经弥补了第一篇的各种缺欠，那么第二篇的升格空间，就不是"损有余，补不足"那么简单。第三篇要实现真正地由好向更好、向顶好的跃升！（略有自夸嫌疑）

先请大家品读第二篇与第三篇的首段，仔细体会二者的不同。有的同学说，第三篇首段传统文化的浓度加强了。仅此而已么？不是。当你念一念、读一读的时候，你会发现第三篇的开头，不只是多了一个杜甫、多了一个庄子（方生方死），更是多了一份情。第二篇是理性的探讨，第三篇则是深情的思索。第三篇不徐不疾地慨叹了时间的无情、人生的无常，它不是要以文采吸引读者，而是要以真情打动读者。我想说，好文入理，真文入情。入情入理，才是为文的终极境界。

当然，第三篇更为用力的，还是在文脉设计、主题立意的升格上。主体论述的三个段落，一改第二篇由个人而国家的"扩展"，转向沿着个人成长这一条单线"深挖"，提高了行文的难度系数，最终也加深了立意。相信读者一定能够感受到，第三篇的文脉更为连贯，这不得不说是一个小小的匠心之使然。即"始于""成于""升华于"，以及"有志者""有智者""有境者"这六个词的使用，一经其提炼，文脉立显，前中后的连贯性一目了然。所以，当我们有好的逻辑，一定要想方设法呈现出来，不使珠玉黯然、宝器无光。

至于第三篇具体的立意，最后一段对于两我同一性的思考，这里就不再赘述了。总之，正是这一段的讨论，将第三篇的立意抬到了第二篇之上。想要拿到一类上，认识上一定是要有非常独到的东西的，特别考验考生的读书积累。不过，本文此处立意源出于教材，从苏轼的《赤壁赋》化来，也不算生僻。

最后要说的，是这三篇文章成文之后，首先是得到了名师耆宿的分析、评点，可为居高临下，切中肯綮，道我所未道，兹录于文后。还有几位同学的点评，各有特色，颇不失辛辣，很是有趣，也请读者参详。

4. 名师解析

☞ **王艳老师**（人大附中语文教研组组长）：

第一篇切合题意，能具体落实"昨日之我"与"今日之我"的内涵，能合理建立二者关系并由此提出观点，有一定的认识；举证充分，分析论证到位。能较好地构建行文逻辑，论证思路明晰。能在生命成长的语境下谈两者关系，但思考还可以更深入。

与第一篇相比，第二篇对"昨日之我"与"今日之我"关系的构建更为谨严，观点表述更为鲜明；"不破不立"，昨日之我是"基础"是"沉淀"，关系阐述明确而有力；"没有……就没有……"句式的选用，以及"囚笼"等的比喻在表达上增强了论证的力量，开头注意引用诗句，也有更强的代入感。最后又能从个人成长拓展到文化传承，并在结尾进行本质追问，论证都较第一篇更开阔和深入。

与第二篇相比，第三篇则在对两者关系的认识上有更大突破，在阐述两者有反思、突破、借鉴的关系之上，能进一步认识到昨日与今日的一体性、同一性，认识深刻且独到；并能恰当援引苏轼的认识和人生经历来佐证自己的观点，进而谈生命成长、人生应如何度过，认识非常富有启发性；最后引用孔子事例，结于要像孔子那样做"超拔于时间的智者"，超脱于昨日与今日之上，论证思路为之一阔，格局瞬间打开。此外事例顺手拈来，体现深厚的积淀；语言不疾不徐，体现从容的气度；论证很有现实针对性，读之令人深受启发，是一篇难得的考场佳作。

☞ **白辽玲老师**（人大附中语文特级教师）：

第一篇是典型的可入一类的文章，合乎题意，议论要素俱全，有一定的议论与思考。它以个人的"成长"为核心思考点，开头段的"连缀"一词用得极好，形象地呈现出"昨日之我"与"今日之我"的关系，足见作者的思考是到位的。第二段对"我"的思考涉及本质问题。主体论证部分"陶渊明""苏洵""王阳明"的论据使用是妥帖的，但分析与说理相对薄弱，使得论据还停留在简单的举例印证的层面。

第二篇的思考更为深刻与广阔，概念认识更为精准与具体，说理更为透彻与通融。在具体行文中，第二篇起笔不俗，调动已有积累借此将"昨日之我"与"今日之我"阐释出来，使论题与自我认识得到较好的融合。第二段的概念阐发聚焦"我"，所写内容涉成长的两个维度（肉身和精神），第三、四两段说理成分较第一篇大大增强，是在说理分析中驱动例子，而不是简单地摆出例子。第五段由个人扩展到民族、国家，看出写作者的思维延展性，同时加强了文章的现实感，这使得本文的思维逻辑链条更长。第二篇以生命成长与文化发展为核心思考，涵盖更广，格局更大。

第三篇除了具有第二篇的特点外，较之后者文脉更清晰、论域更集中、论说更丰富、语言更精美。全文以有志者、有智者、有境者为论述的逻辑线，其中"志"与"智"属于横向思考，道出了成长中对昨日与今日的"突破"和"借鉴"的两个方面；而"境"这一层则属于纵向的延展思考，道出了我于昔今"升华"之理，论说更深一层。从突破到回味反思到悦纳，可以清晰地看到写作者的思维走向，纵横相织的思维网络可以看出写作者的思维缜密，逐层递深的思考使得文章在认识上有了本质的提升。

☞ **昌盛老师**（人大附中语文青年骨干教师）：

简要分析三篇文章在说理表达上的语言特点，以及在话题认知水平上的差异。

同样完成了对话题的引入，但第二、三篇比起第一篇平朴稳健的开头，更充分且自然地释放文采、呈示积淀。

第一篇基本是段首完成观点表达，以一整段围绕观点展开论述，段尾的主要功能是变方式总结与强调观点，本论部分的三段通过首尾句勾连起文章清晰的大线条，易于快速把握。

第二篇则在此之前通过对举更充分地阐释"我"的概念，进而将话题深入并聚焦到精神发展这一层中。接下来依然由段首尾构成大线条。第三篇则是以单句成段完成对上一段讨论的收束，在不失清晰的基础上，繁简丰臞有变化，文章于摇曳之中呈现出更自然而流动的思考过程，长段内也以大量的连词还原出"总结—分析"或"转折—质疑"的思维过程，对话题思考的深入与细腻程度由此彰显。

说理表达固然可以作为三篇文章高下区分的标准，但更为重要的标准是，三篇在共享同样的认识后，各自站在怎样的角度进一步思考话题，这决定了文章的认识深度与高度。第一篇文章的倒数第二段本质是对前文认识的总结，而第二篇文章倒数第二段是对之前观点的强化，通过更换"我"这一主体，展示出更多的人文知识储备，也扩大了之前观点的适用范围，增加了观点的价值，但根本上来说，其功能仍在于再次证明之前的观点。而第三篇则与此不同，倒数第二段站在时间与人这样更大的话题中重新认识写作话题，那么原本对立的、有高下之分的两个我，则变成了连续的、同一的我，当对立概念的矛盾性被作者站在更高的维度下消解，实现某种和谐统一，说明作者对习作话题的关系探索走得更远，而这样思考所需要的力量，以及这样思考给文章带来的力量，则是不需多说的。

5. 学生点评

☞ **高悦涵**

第一篇举例多，分析稍简单，层次略简单，内容较少，主要是两层关系。语言品质好，认识在个人层面。第二篇举例更丰富充实，分析略多，层次较丰富，内容设计多角度，语言品质好，认识从个人层面跃升到国家、社会层面。第三篇举例详略得当、丰富，分析深入，有详有略，语言品质极好。思想认识在个人层面，但很深刻，有哲学色彩。

张睿琪

第一篇逻辑清晰但结构过于简单；层次结构 OK；有用列举例子来代替分析的嫌疑，太单薄，缺乏力度感。语言简单但清晰明了。

第二篇逻辑清晰但观点间联系不够强，在单纯的并列上稍有改进，举例方式有变化，语言表现力较强，开头吸引人。论述方面还可以再增强，减少例子。第二段关于"我"的解读精练而精彩，十分值得学习。

第三篇逻辑清晰，观点明确，关系复杂，但论说清晰；举例有详有略，但欠缺一点现代的例子，全是古代的。论证手法丰富。有很高的语言表现力，可以看出作者偏好文白参半的写作风格（我很喜欢，但还做不到），表达清晰，有含蓄也有直白，读来一气呵成，自然大气。

苗紫南

第一篇重在举例，欠论说，分论点逻辑关系较弱。

第二篇增加了论述，角度由个人成长拓展到国家、文化。

第三篇分论点逻辑清晰，要点明确，有超越材料的亮点，论证方法丰富。

6. 学生习作

下面为大家呈现一篇好作文是如何打磨出来的。

参与写作活动的几位同学各有优长：有人善于解题、有人善于构思、有人善于切题、有人善于表达……正所谓："三人行必有我师焉，择其善者而从之，其不善者而改之。"几位同学扬长避短，通力合作。经过不断切磋修改，经历数稿，终于完成了一篇优秀的作文。他们生动地为我们呈现了一篇文章从构思到写作的全过程，也为我们展现了一次作文升格之旅。

● 作文原题

> "独"很常见，也很复杂。"一枝独秀"固然动人，似乎不及万紫千红美丽；"独当一面"诚然神勇，似乎不如众志成城牢固。人们需要团结合作，却也似乎离不开"独处"；世界需要沟通交融，却也少不得"特立独行"。"花间一壶酒，独酌无相亲"是寂寞，也是自在；"举世混浊而我独清，众人皆醉而我独醒"是高风亮节，又何尝不是悲怆……"独"有时不太完美，有时是一种需要，有时又是一种应该追求的境界。
>
> 你对"独"有怎样的体会或见解？请自选角度，自拟题目，写一篇议论文。
>
> 要求：观点明确，论据充实，论证具有逻辑性；语言得体；书写清晰。

● 框架结构

参与者：李首赫、魏心怡、杨曲顺

魏心怡：我们主要任务就是，考虑如何由题目的一个"独"字向外扩展和延伸，并且要有一定的逻辑层次和思维深度。我们先将题目组词并从生活实际出发来联想；再去回忆合适的例子，将可以想到的相关内容罗列，并思考它们可以探讨的点在哪里，出题人又希望我们探讨什么；然后将挖掘出的内涵排序，考虑如何由浅入深呈现。

李首赫："独"不是一个显然好或显然不好的概念，因此我们既然要谈孤独的价值，便可首先对孤独的"难"进行一种让步的论述，可以作为我们正式论述前的铺垫。接着，在设计论述段时，根据导语的引导，我们从多角度去思考"独"。"独"可以是主动选择与众不同的"独行"，也可以是无奈只身"独处"的一种孤独的状态。因此，我们便可根据这两种组词的方式去构建我们的两个论述段，使之呈现出一定的层次。最后的联系现实段，我们不妨分析人们不愿接受"独"的心理，进一步通过呼吁的方式凝练、总结"独"的价值。

杨曲顺："独"这个题让我想到高一写过的"愚"，有好处，有坏处，自带两面性，因而首先想到的是说理过程不能片面论其有利，有必要先呈现其客观局限性，以退为进。其次对这样一个内涵丰富又有些抽象的字，我难以直接想分论点，想到上学期讲的"论点论据是双向奔赴的"，于是尝试从课本古文中找与"独"有关的事例：由古文运动想到"独"在事功层面的立意；由屈原、梁思成与古城想到"独"可以使人问心无愧；由苏轼处于荒僻少人之处而得以悟出人生哲理，想到"独"对发现自我、发现事物本质、获得内心宁静的意义……

● 提纲手稿

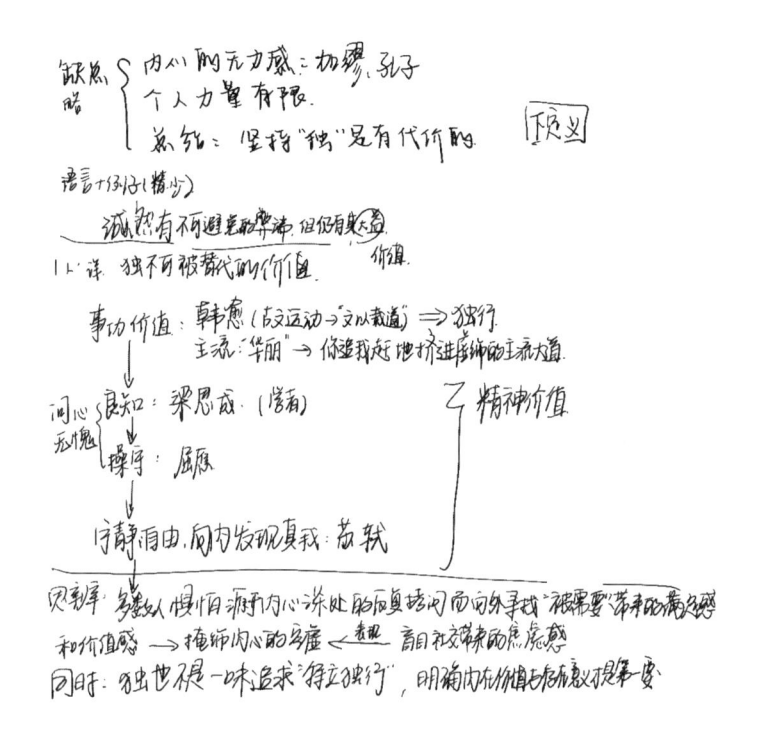

[手稿图略]

● 作文初稿

执笔人：高嘉迎

（1）将已有素材分类，根据论述方向拟定论点、分论点，设计文脉，并对详略做到心中有数。

（2）增加事例和名言论据，先写下一些灵光乍现的好句；设计结尾段和开头段的关联，增强全文的连续性。

（3）连缀上述内容并延长逻辑链。

（4）切记一气呵成，边写边润色，增加文学性。

（5）讨论与修改——斟酌用词，咬文嚼字，删繁就简。

踽踽独行，何足以惧（一稿）

"生命是一座孤岛"。是啊，正如世上没有两片完全相同的树叶，人是生来孤独的。处于社会中的人们，或努力融入社会，去追随他人的脚步；或不惧孤独，逆流而上。孔子四处周游却未受重视，加缪坚持人道主义却被排挤，他们都在政治上陷入了孤立无援的境地。"德不孤，必有邻。"夫子将此作为孤独的慰藉，不禁让我感怀他们心中的无力感，却也感佩他们的勇气。

诚然，坚持"独"是一件极难的事情。孤独之人极易被视为与社会脱节的人、难以被他人理解的人、难以找到合适参照物的人，他们也因此需要付出极大物质上和精神上的代价。一己之力有限，处于群体之外的个体也往往感到迷茫和渺小。所谓"独"者，便是承受着这样的考验却仍毅然独行之人。我想，他们确已如高岭之花般领略到独特而旖旎的风光。

韩退之在"耻学于师"的风气和"士大夫之族"的围攻中仍敢于宣扬"不拘于时"的学习观并身体力行地践行自己的思想；在虚饰浮夸的文风中反其道而行之，推动了"文以载道"的古文运动。正是因为在主流中独行，他的观点更加凸显，成就更加斐然。然而，当此之时，退之又何以预料甚至奢望这场改革一定以成功为结局？故而，独行之人于逆流中坚守自我，于孤立中等待着真理和时间的审判。倘若他也成为"沉默的螺旋"，没有"非凡的胆识与坚毅的洞察力"，那么文学又何谈变革与发展。

孤独是存在的证词，它早已作为一种生活状态融入部分文人和哲人的生命中。梁思成独自走上保护北京古城墙和探寻古代建筑之路，这是出于一个学者和建筑学家的良知；屈平正道直行，皭然泥而不滓，这是出于一位忠臣和文人的节操。

因此，卓然于群者接受孤独。

然而，被动地接受孤独是远远不够的。巴尔扎克说："在各种孤独中间，人最怕精神上的孤独。"在与自己相处的过程中，我们不断拷问自己的内心，迷茫却也在明确着自己存在的意义和价值。孤独的我们审视自己是否切合"君子不忧不惧"的标准，从内源寻找"我思故我在"的依据。苏轼一生被贬黄州、惠州、儋州，"拣尽寒枝不肯栖，寂寞沙洲冷"。地理上的隔绝固然让他孤独，但他向内发现真我，完成思想转变，以豁达的态度直面孤独，击碎孤独，发现生活的兴味，获得心灵的宁静和自由。换言之，与孤独做伴的他早已浑然忘机、无物无我、超越生死，"心似已灰之木，身如不系之舟"。

所以，超然于世者拥抱孤独。

然而，现在的大多数人惧怕来自灵魂深处的反复拷问，于是常常向外寻找存在感、价值感和满足感，以此掩盖内心的空虚和寂寞。他们盲目社交又无法获得真正的快乐。"不要因为孤独而感到羞耻。"是啊，对抗这种焦虑感的是也只能是我们自己。同时，"独"对我们来说并不意味着一味地特立独行，唯有明确自己的所思所想和个人的价值观才是第一要义。

让我们再次回溯到孔子。无论有支持者与否，无论是同行还是孤往，他都能秉持自己的道义、传播自己的思想。他不囿于所处的世道环境，不纠结于孤独与否，知其不可而为之。我想，这正是超拔于个体与群体的智者啊。由是观之，我们也不妨抱有如此之心态看待"独"，在人生之路上行稳致远。

● 切题修订

执笔人：汪可馨

（1）修订有些偏题的句子，找到可以改得更加切题的地方。

（2）给"独"组词，动词、形容词、名词各组几个，塞进文章中。

（3）在论述段中用含有"独"的句子来概括段意和层义，用来分层。

（4）联系现实，描述现实问题、分析问题、提出解决办法时都以"独"为核心，点出"独"。

踽踽独行，何足以惧（二稿）

"生命是一座孤岛"。是啊，人是生来孤独的。处于社会中的人们，或努力融入社会，去追随他人的脚步；或不惧孤单，独行异路。孔子四处周游却未受重视，加缪坚持人道主义却被排挤，他们都在政治上陷入了孤立无援的境地。"德不孤，必有邻。"夫子将此作为孤独的慰藉，不禁让我感怀他们心中无人同往的无力感，却也感佩他们孑然前行的勇气。

诚然，坚持"独"是一件极难的事情。孤独之人极易被视为与社会脱节的人、鲜少为他人所理解的人、难以找到合适参照物的人，他们也因缺少情感链接而需要付出极大物质上和精神上的代价。一己之力有限，处于群体之外的个体孤独无助，也往往感到迷茫和渺小。所谓"独"者，便是承受着这样的考验却仍毅然独行之人。我想，他们确已如高岭之花般领略到独特而旖旎的风光。

韩退之在"耻学于师"的风气和"士大夫之族"的围攻中仍敢于宣扬"不拘于时"的学习观并身体力行地践行自己的思想；在虚饰浮夸的文风中反其道而行之，独举"文以载道"的大旗，独领古文运动。正是因为在主流中独行，他的观点更加凸显，成就更加斐然。故而，独行之人于逆流中坚守自我，于孤立中等待着真理和时间的审判。倘若他也成为"沉默的螺旋"，没有"非凡的胆识与坚毅的洞察力"，那么文学又何谈变革与发展。

<u>独行其道者有所为，而独守其身者有所不为</u>。梁思成独自走上保护北京古城墙和探寻古代建筑之路，这是出于一个学者和建筑学家的良知；屈平正道直行，"众人皆醉我独醒"，皭然泥而不滓，这是出于一位忠臣和文人的节操。

　　此谓，卓然于群者不惧孤独。

　　然而，被动地接受孤独是远远不够的。巴尔扎克说："在各种孤独中间，人最怕精神上的孤独。"在与自己相处的过程中，我们不断拷问自己的内心，迷茫却也在明确着自己存在的意义和价值。<u>孤独的我们审视自己是否切合"君子不忧不惧"的标准，从内源寻找"我思故我在"的依据</u>。苏轼一生被贬黄州、惠州、儋州，"拣尽寒枝不肯栖，寂寞沙洲冷"。地理上的隔绝迫使他独处，<u>这固然让他孤单</u>，但他向内发现真我，完成思想转变，以豁达的态度直面孤独，击碎孤独，发现生活的兴味，获得心灵的宁静和自由。换言之，与孤独做伴的他早已浑然忘机、无物无我、超越生死，"心似已灰之木，身如不系之舟"。

　　此谓，超然于世者拥抱孤独。

　　然而，现在的大多数人惧怕来自灵魂深处的反复拷问，于是常常向外寻找存在感、价值感和满足感，以此掩盖内心的空虚和寂寞。他们盲目社交又无法获得真正的快乐。但不要忘了，孤独是存在的证词，它早已悄然融入我们的生命。"不要因为孤独而感到羞耻。"是的，对抗这种焦虑感的是也只能是我们自己。因此，<u>不妨放下为世所容的执念，悦纳孤独这种本质的生命状态，在独处中寻觅自我的本性，在独行中明晰自我的存在</u>。

　　让我们再次回溯到孔子。无论有支持者与否，无论是同行还是孤往，他都能秉持自己的道义、传播自己的思想。他不囿于所处的世道环境，不纠结于孤独与否，知其不可而为之。我想，这正是超拔于个体与群体的智者啊。由是观之，我们也不妨抱有如此之心态看待"独"，在人生之路上行稳致远。

● 逻辑强化

执笔人：魏心怡

再次收回这篇文章时，它已经是近乎完美的状态。在小强老师的指导下，我给文章添加了一些逻辑性的关联词，使之读起来更容易被接受，更容易让读者跟紧作者的思路；还把段落的结构进行了一些调整，希望能在衔接和布局上更加流畅合理。难度还是很大的。

踽踽独行，何足以惧（三稿）

"生命是一座孤岛"。是啊，人是生来孤独的。处于社会中的人们，或努力融入社会，去追随他人的脚步；或不惧孤单，独行异路。孔子四处周游却未受重视，加缪坚持人道主义却被排挤，他们都在政治上陷入了孤立无援的境地。<u>不过</u>，"德不孤，必有邻"。夫子将此作为孤独的慰藉，在令我感怀他心中无人同往的无力感之余，却也更感佩他们孑然前行的勇气。（关联词的增加，彰显思维脉络，增加说理层次性。）

诚然，坚持"独"是一件极难的事情。孤独之人极易被视为与社会脱节的人、鲜为他人所理解的人、难以找到合适参照物的人，他们也确因此缺少情感链接，需要付出极大物质上和精神上的代价。<u>毕竟一己之力有限，处于群体之外的个体孤独无助，也往往感到迷茫和渺小</u>。所谓"独"者，便是承受着这样的考验却仍毅然独行之人。<u>那我想，"独"定有其值得被坚定持守的原因，有着不可替代的价值</u>。（关键的观点句，不宜用比喻句来表达，故而如此修改。）

韩退之在虚饰浮夸的文风浪潮中反其道而行之，独举"文以载道"的大旗，独领古文运动。他独树一帜于当世文坛，独领风骚数百年，完成了文坛的一次重要变革，将文学推向又一高峰。倘若他也成为"沉默的螺旋"，没有"非凡的胆识与坚毅的洞察力"，那么随波逐流的他终将被淹没于浪中。可见，在主流中独行，使观点更加凸显，成就更加斐然。独行其道者有所为，而独守其身者有所不为。陶渊明不趋炎附势，"心远地自偏"，不为五斗米折腰，这是源于一位文人的傲骨；屈平正道直行，"众人皆醉我独醒"，皭然泥而不滓，这是出于一位忠臣的节操。他们不为世间滚滚浊流所裹挟，坚守本心而独立于世，只为问心无愧。故而，孤独之人于逆流中坚守自我，于孤立中等待着真理和时间的审判。（调整段落布局，两段合一段，文章更紧凑，结构更清晰。）

此谓，卓然于群者不惧孤独。

然而，孤独而不惧，仍不及怡然自得与孤独同行。巴尔扎克说："在各种孤独中间，人最怕精神上的孤独。"在与自己相处的过程中，我们不断拷问自己的内心，迷茫却也在明确着自己存在的意义和价值。孤独的我们审视自己是否切合"君子不忧不惧"的标准，从内源寻找"我思故我在"的依据。苏轼一生被贬黄州、惠州、儋州，"拣尽寒枝不肯栖，寂寞沙洲冷"。地理上的隔绝迫使他独处，这固然让他孤单，但他向内发现真我，完成思想转变，以豁达的态度直面孤独，击碎孤独，发现生活的兴味，获得心灵的宁静和自由。换言之，与孤独做伴的他早已浑然忘机、无物无我、超越生死，"心似已灰之木，身如不系之舟"。

此谓，超然于世者拥抱孤独。

然而，我们往往趋向结伴同行，而惧怕形单影只。我们畏惧来自灵魂深处的反复拷问，于是常常需要向外寻找存在感、价值感和满足感，以此掩盖内心的空虚和寂寞。穿梭于各种"搭子"之间的我们盲目社交又无法获得真正的快乐。但不要忘了，孤独是存在的证词，它早已悄然融入我们的生命。"不要因为孤独而感到羞耻。"是的，对抗这种焦虑感的是也只能是我们自己。因此，不妨放下为世所容的执念，悦纳孤独这种本质的生命状态，在独处中寻觅自我的本性，在独行中明晰自我的存在。（点出明确的相关现象。）

让我们再次回溯到孔子。无论是同行还是独往，他都能秉持自己的道义、传播自己的思想。他不囿于所处的世道环境，不纠结于孤独与否，"<u>人不知而不愠</u>"。我想，这正是超拔于人生的智者啊。由是观之，我们也不妨抱有如此之心态看待"独"，在人生之路上行稳致远。（《论语》引用比前两稿更合适。）

● **特别鸣谢**

拟题目：毛子兮

供素材：周英杰

本文题目最初由魏心怡和毛子兮同学商讨，毛子兮初拟为《走进孤独》《拥抱孤独》《对孤独张开怀抱》。魏心怡将她们的思考过程告诉我，我说，孤独本不是好事，人不得已而孤独，"拥抱""张开怀抱"等表达略显造作，建议改为"不惧孤独"之类的意思。后经几位同学商讨修订，遂定为《踽踽独行，何足以惧》。

李首赫、魏心怡等几位同学因为平时对新闻关注不多，时事了解不够，在本文联系现实的环节中遇到困难。讨论中恰好遇到周英杰同学，于是把题意与周英杰一说，没想到周英杰信手拈来，侃侃而谈，把关于"独"这个话题的社会现象一一列举剖析，令人茅塞顿开。这使得本文倒数第二段有了充实的内容。

在此特别感谢毛子兮、周英杰同学。

下 编

四类议论文亲笔示范与讲解

关于议论文题型的分类，可谓百家争鸣，各有千秋。

有从命题形式来分类的：命题作文、半命题作文、材料作文。

有从语法性质来分类的：名词类、短语类、句子类。

还有的分类，如：话题类、论点类、比喻类……则更为灵活。

现实中，很多老师、同学的分类未必有严格的标准与逻辑，在实战中却未必没有实用价值。题型分类的主要意义，是凸显该题最核心的特质，进而总结其写作的要领。

其实，文无定法，题无定形。出题之人"存乎一心"，解题之人"运用之妙"，给文题、文章分类本就是见仁见智的事情。因此，没有绝对正确、完美的分类。而我们要关注的是，如此分类对我们写作有何提点意义。况且，我们从多个角度来认识一道题目的"类"，也是未尝不可、颇为有益的。

本书综合前人之说，以"写作对象"为标准，将议论文分为四类：

概念类、关系类、观点类、现象类。

之所以把"写作对象"作为标准，是希望解决同学们拿到题目不知道写什么的问题，能够跳出命题、半命题之类的表象，直击一题的实质，准确把握住核心写作任务。

"概念类"，即以某个概念为写作对象。如"论担当""说纽带""文明的韧性"等题目。我们写作的主要任务是谈对这个概念的认识。

"关系类"，即以某一组关系为写作对象。如"自立与借力""新时代新青年""本手、俗手、妙手"等题目。写作的主要任务是谈对若干概念之间关系的认识。

"观点类"，即以某一个或若干个观点为写作对象。比如：

> 有人说：这世界上可怕的东西实在是太多了。有人说：应该天不怕，地不怕，什么都不怕。也有人说：如果什么都不怕，反而更可怕。还有人说：应该有所怕，有所不怕。
>
> 以上看法引发了你哪些联想和思考？请自选角度，自拟标题，自定文体（诗歌除外），写一篇不少于800字的文章。

"现象类"，就是以某一个事件，或者现象为写作对象，谈我们对这一事件、现象的认识。比如：

> 北京过去有许多老规矩，如"出门回家都要跟长辈打招呼""吃菜不许满盘子乱挑""不许管闲事""笑不露齿，话不高声""站有站相，坐有坐相""做客时不许随便动主人家的东西""忠厚传世，勤俭持家"等，这些从小就被要求遵守的准则，点点滴滴，影响了一辈辈北京人。
>
> 世易时移，这些"老规矩"渐渐被人们淡忘了。不久前，有网友陆续把一些老规矩重新整理出来贴到网上，引发了一片热议。
>
> "老规矩"被重新提起并受到关注，这种现象引发了你哪些思考？请自选角度，自拟题目写一篇文章，文体不限（诗歌除外）。不少于700字。

如前文所述，分类不过是我们认识文题的一种手段，它提供的是一种启发和视角，譬如此类题目的审题关键是什么，写作要点是什么，常见写法是什么，等等。但千万不要把分类视为套版，把一类的作文都按一个套路去审、去写，这就是教条主义，忽视了题目的具体性，一定写不出好文章。

而且，题型千变万化，常出常新，是不是所有的概念类作文都是以"谈××"的命题形式出现的？是不是关系类作文的命题形式一定是"A与B"？其实未必。因此，心中要记着招数，出手要跳出套路，因"敌"制宜，灵活出拳，才是高手风范。

那么，这四类议论文又各有哪些命题的特点？具体写法又如何操作？什么"点"要踩，什么"坑"要避？

且看下面笔者的亲自示范与解析。

概念类作文

一、三段论式的写法

1. 典型例题

> 预判未来天气为人类提供了诸多便利,"走一步,看三步"是棋手常念的口诀,赛场上精准的预判会带来漂亮的回击……
>
> 请以"说预判"为题,写一篇议论文。
>
> 要求:论点明确,论据充实,论证合理;语言流畅,书写清晰。

2. 题型概说

概念类作文,就是以某个概念为写作对象的作文。如此题"说预判",核心的概念就是"预判"。这类作文写作的核心任务就是谈谈我们对所给概念的认识。而对一个概念的认识,主要是三个方面:是什么、为什么、怎么办。因此,概念类作文最基本的写法,就是从这三个角度去谈对此概念的认识,这就叫三段论式的写法。

"是什么",即概念的内涵。比如,什么叫"预判","预判"的特质是什么。

"为什么",即概念的价值。比如,我们为什么要"预判",也就是说"预判"的价值是什么。

"怎么办",即如何实践此概念。比如,我们应该如何科学"预判",在"预判"时要注意些什么。

我们也可以把三段论理解为围绕此概念展开的三个维度的追问,遇到概念类作文,我们的同学常有不知所云的困境,在考场上大脑一片空白,以至于东拉西扯,说不到问题的核心。这时候,我们就不妨问问:这个概念的内涵和特质是什么?它有什么价值?关于此概念我应该怎么做?以此找到写作的发力点。

不过,很多同学在三段论写作中,常常把问题简单化,以为按照是什么、为什么、怎么办的结构写上三大段就万事大吉了,也不问这三段的成立性如何、关联性如何。因此,有的老师干脆建议学生不要使用三段论的写法。其实,作文不是"能用三段论"或者"不能用三段论"这么绝对的,关键还是要看成文的质量。这里有三点跟大家强调:

第一,我们要从这三个角度去思考、去布局,但是具体文章写几段,还要视题目来定。比如导入段、过渡段、升华段、辩证段、收尾段等等,要灵活布置。

第二,文章的好坏,并不是由我们写了三段还是四段来决定的。如前面若干章节所述,还要看我们具体的审题、论述、认知、表达水平。

第三,三段论有若干变式,我们面对不同的题目,是应该有所调整变化的,有的时候重点写"是什么",有的时候重点写"为什么",有的时候重点写"怎么办"。

在接下来几个概念类作文中,我会根据题目的特点为大家呈现此类题目尽可能多的写法,但是无论写法如何变化,都是基于三段论来设计的。概念类作文是一切议论文的基础,而三段论式的写法又是概念类作文的基础。因此,熟练地掌握运用三段论就无比重要了。

3. 解题点拨

写好这篇作文，关键在于对"预判"有准确的认识。

我们不妨借助材料来理解"预判"，材料中给出了三种关于"预判"的场景，三种"预判"都是非常生活化的，可见出题人的意图是希望通过一些生活的现象来启发考生。比如材料中提到的天气预报，还有类似的驾车导航路况预测，都属于"预判"之类。我们不妨想一想，生活中都有哪些"预判"，这些"预判"的意义又是什么，进而加以提炼，形成文章的思路。

"预判"的特质，正如"天气预报""走一步看三步"，在于料之于先，在事情未发生之前，对其发展的趋势有所判断。倘若细细区分，"天气预报"属于对形势的预判，而棋局、赛场上的预判则属于对对手的预判。预判事物在未来的发展趋势，以及预判对手下一步的行动，都属于预判。预判必须是有其对象的，我们在论述中则应落实清楚谁预判了什么形势，或者谁预判了对手什么行动。

"预判"既不是"预料"，也不是"预测"。和"预料"相比，"预判"更强调下判断，强调料想之后的坚定决断。因此"预判"是思考和行动的组合。没有决断的预判，只是一种"好谋而无断"的揣测。而"预测"呢？占卜预测、八字预测……仿佛少了一点点理性。"预判"不是非理性的"预测"，而是一种科学的判断，一种理性分析之后的下结论。概念的细微差别，我们不妨辨明。在分析这些差别的时候，其实"预判"的特质也就自然彰显了。

思考了"预判"的内涵，还要思考"预判"的价值。这里我们特别需要一些思考的线索。比如，想一想企业为什么需要预判，国家又为什么需要预判：企业有了对市场的预判，生产就有了规划；国家有了对世界形势的预判，发展就有了目标。这样，我们就可以按照"企业—国家"的路径去组织文章。材料中还提到了"天气预报",这就属于生活中的预判。诸如此类的日常预判,给我们的生活带来了便利和舒心。据此,我们也可以按照"生活日常—事业发展"的逻辑去写作。

换一个角度再想,预判成功了,自然对我们生活的便利、事业的发展是大有助力的。那么失败的预判有没有价值?或者说,当我们在不知道预判的对错时,如何评价预判的意义。那我们可能会发现,生活中即使不知道自己的预判是对是错,我们还是会去预判。因为有所预判,接下来的行动就有了基本参考,这会增加我们做事的底气与信心,所谓有备无患。

按照三段论的写法,我们这道题还应该讨论一下如何科学、合理地"预判"。人类不能超越时间的局限,那么"预判"何以成为可能?这个话题其实相当有意思,很能考查学生的思维。

比如我们可以逆向思考,既然"预判"是向前看,那么我们想一想,"预判"和过去是否有关?其实"预判"离不开对过去经验、教训的总结反思。此外,虽然我们"预判"的是一件事,但是"事物是联系的",准确的"预判"有赖于尽可能地全面掌握信息、了解情况。当然,想要提高"预判"的水准,归根结底要加强判断者自身的分析能力、站位高度、视野宽度……

倘若我们把讨论的维度上升到人类,纵览人类的历史,就会发现人类正是在不断地预判中摸索着向前,而人类预判能力的提升,则与科技进步、社会发展息息相关。比如,科技层面,一个简单的天气预报,在现代技术的加持下,准确度大大提升;社会层面,经济发展的趋势,在现代经济学、统计学和网络大数据的支撑下,我们也是可以先知先觉的。对这些问题一一剖析,文章的格局也将有所提升。

我们还可以有辩证的思考，比如"预判"有没有负面的效应？是否会带来束缚、限制，使得我们不够变通，甚至放弃行动……这时，如何看待"预判"就成了一个讨论的点。

4. 示范启发

说预判

东海钓叟

　　古代用兵，讲究"料敌于先，谋敌于前"。唯有预判形势，把握先机，方能百战百胜。生活中又何尝不是如此呢？出门的要预判天气和路况，做生意的要预判行情走势，参加考试的学子更是免不了预判考题的方向。可见，预判是我们不可或缺的一种智慧。

　　所谓预判，即于事所未发之前，预料事所已发之后，进而做出准确、有利的决策。正如《周易》中讲："知几其神乎！"这里的"知几"就是善于把握事物发展的苗头，从而预判天地阴阳人事的变化。预判的本质，是一种前瞻性的判断；是洞悉规律内外，明知主客双方；是凭借人的理性，打破直觉感官的局限，超越时间对人的封锁。

　　因此，善于预判形势、预判对手的人往往如开"天眼"，在两方相争之时形成巨大的认知优势，从而事半功倍，取得胜利。譬如"空城计"中的诸葛亮，根据司马懿生性多疑的特点，预判他不敢轻举妄动，越是城门洞开越会狐疑不定，于是弄险退敌。可见，预判是一种认知、智慧层面的加持，可以弥补某些方面的劣势，在危局之中多了反败为胜、扭转乾坤的可能。此外，所谓恐惧来源于未知，故而科学合理的预判使人临事不惧，勇气倍增，平添胜券在握的底气。比如毛泽东在抗战初期，就依据中日双方各自的形势，预判抗日战争的胜利必将属于中国。《论持久战》的发表，一扫举国之悲观迷茫，振奋了抗战的精神，使国人于最黑暗的时刻预见了光明。

人们渴望准确的预判，然而预判是有难度的，它往往受到科学技术、社会经济、人文思想发展水平的制约。古代以龟甲、蓍草、天象、谶语来预判天下大势，可谓玄之又玄。预判不同于预测，它不是批八字、看风水之类的玄学，也不是一拍脑袋的感情用事、胡乱猜测。预判的关键，在于理性的态度与科学的方法。当人民群众高呼"拆除封建帝王遗迹"的口号时，梁思成冷静地预判了北京古城墙在未来的价值。其预判的科学性，来自他深厚的建筑学素养，以及对城市规划的深刻认识。只有理性与科学，才能赋予我们真正的洞察力与预判力。

不过，俗话说："兵无常势，水无常形。"计划赶不上变化。预判不应该成为一种刻板的预设，倘若客观形势出乎预料，超出了预判，我们务必要根据新形势、新变化调整我们的判断，与时偕行，随机应变，万万不可刻舟求剑，一味地执着。从这个意义上来说，预判应该是动态的、灵活的、不断发展的。

因此，预判诚可贵，善判实更难。唯有提高自身的修养，提升自身的格局，才能提高预判的水平。希望我们可以开好"马前炮"，常做"事前诸葛亮"。

5. 构思解析

说起预判，我就想到了兵法里的"料敌于先"，但我们文章是要谈生活的。因此本文从兵法起笔，转而谈到生活。这里特意提到了考生预判考题的方向，是为了增加文章的现实性。

接着文章第二段谈"是什么"，讨论"预判"的内涵。这里同学们经常会遇到"写不长""没话说"的问题，三言两语、干巴巴的就过去了。其实写好"是什么"是有技巧的。比如这一段，可以分为两层。第一层谈"预判"的浅层内涵，第二层谈"预判"的本质，由浅入深。这里引用了《周易》的相关句子，也是为了使得概念解析更清晰透彻有厚度。此外还使用了排比句式："是一种前瞻性的判断；是洞悉规律内外，明知主客双方；是凭借人的理性，打破直觉感官的局限，超越时间对人的封锁。"排比句的使用，丰富了层次，抻长了逻辑链条，也加强了语言表达效果。

接下来写"为什么"，即"预判"的价值。这里为了使文章厚重饱满不至于单薄，设计了段内的层次，先谈"预判"对事业成败的意义，再谈"预判"对鼓舞精神、振奋人心的意义。并且在段中设计过渡内容，清晰地提示层次："此外，所谓恐惧来源于未知，故而科学合理的预判使人临事不惧，勇气倍增，平添胜券在握的底气。"在本段的两个例子中，诸葛亮预判司马懿的行动，毛泽东预判抗日战争的形势，预判的对象都落实得非常清晰。

接下来论述"怎么办"。这里我建议同学们不要写太多，切忌罗列三四条办法，那样文章就散了。我们就抓住最关键的来写就可以，把它写透彻。这里把现代的"预判"和古代的"预测"相比较，点出理性、科学的重要性，同时举出梁思成的事例来充实本段。

至此，三段论已经完成。但是如我开篇所说，我们不妨在三段论的基础上有所增加，使文章更为饱满。所以，倒数第二段展开了一个辩证讨论。强调了"预判"不能成为"预设"，"预判"要及时调整，要有灵活性。这算是关注了"预判"的负面效应，提示了"预判"的流弊。

最后收束，特地提出"马前炮""事前诸葛亮"两个词，一方面是为了更为精练地表达观点，另一方面也是为了增加趣味。

6. 强化练习

> "磨"既有摩擦、磨合的意思，也有研磨、打磨的意思，还有磨炼、磨砺的意思……有时候，"磨"能带来精致；有时候，"磨"代表一种慢生活；有时候，"磨"意味着没有效率……
>
> 请以"磨"为题，写一篇不少于700字的议论文。

二、侧重价值分析的写法

1. 典型例题

> 理性，相对于感性而言，它意味着人有判断和推理的能力。拥有理性，便能以更加冷静、客观的态度进行思考和决策。奥地利哲学家哈耶克说："理性是一种力量，它超越了每一种感情，使我们能够把握自己，把握每一刻的价值。"但理性的力量有时候也令人惧怕，印度诗人泰戈尔说："全是理性的人，恰如一把全是锋刃的刀，叫使用它的人手上流血。"
>
> 以上材料引发了你怎样的思考？请以"理性的力量"为题目，写一篇议论文。

2. 题型概说

与"说预判"相似，此题也是一道概念类作文，我们仍然可以基于三段论来展开写作。

不过，请大家想这样一个问题：

"说理性"和"理性的力量"这两个题目有何不同？

当然，我们会发现后者多了"力量"二字。即提示此题的核心在于谈理性的"力量",也就是论述理性的价值。"力量"二字规定了本题的论述重点,并且要求我们在行文中应时时去扣"力量"二字。

在"说预判"中,我们说过概念类作文一般都是基于三段论来展开构思的。但并不意味着所有的概念类作文都是按照是什么、为什么、怎么办的层次写上三大段,我们要注意到每一题的独特性。比如"说预判"这个题,我们去谈"什么是预判""为什么要预判""如何去预判",都是没有问题的。这三个问题不仅在题意的范围内,而且都是真问题,值得好好聊聊。

但是,"理性的力量"中"力量"二字,却把此题的写作重点锁定在了"为什么"这个层面上。这并不是说,本题就不需要、不可以谈什么是理性、怎样运用理性的力量,而是说理性具有怎样的力量,也就是理性有怎样的价值,应该成为本文的重点。我们应将其写饱满、写充分、写扎实。

"侧重价值分析"的写法,即不再按照是什么、为什么、怎么办三层来予以展开。而是在"为什么"这里进行深入探讨,依照一个递进的逻辑写2～3段。这类写法,是三段论最重要的变形,绝大部分的概念类作文是可以用这种思路来构思成文的。因为,所谓是什么,即明确问题;为什么,即分析问题;怎么办,即解决问题。议论文的考查重点往往在分析问题上。所以,学会分析"为什么",能从多角度思考"为什么",是非常重要的写作素养。

3. 解题点拨

我们细细分析题目所给的材料,可将其分为三层,这三层也就是我们要思考的三个问题。

首先,材料给了我们一个"理性"的基本概念:"理性,相对于感性而言,它意味着人有判断和推理的能力。"我们应该顺着这句话的提示去思考"理性"的内涵、"理性"的特质。材料特别提示了"理性"与"感性"是相对的。"感性"强调感受、体会,"理性"则强调分析、推理。我们不妨在行文中通过二者的比对来彰显"理性"的独特之处。

"理性"较之于"预判",其内涵要复杂,也要模糊得多。我想我们在动笔界定概念之前,不妨先结合"理性"在生活中的使用语境,来帮助我们准确理解其内涵。比如说,当我们讲"要理性地面对问题""你理性一点",其实更侧重冷静,不要感情用事;当我们讲"理性思维"的时候,这里"理性"又侧重一种有条理、有章法的思维方式;而当我们抱怨"这人太理性了","理性"又带着那么点低情商、冷漠的意味……

接下来,材料给出了关于"理性"的价值的探讨。前一句话,强调理性思考带来的事功层面的意义,我们通过"理性",往往能够得到更为客观、靠谱的决策,进而离正确、成功就更进一步;而后一句哈耶克所说的话,则点出了理性更深刻的意义,所谓"使我们能够把握自己",强调人通过理性来驾驭自己、掌控自己,既包括消极意义的约束,也包括积极意义的驱动。那么这里就看到了"理性"对于我们的成长,对于我们人格修养、精神世界的完善的价值,显然要比上一层更为深刻了。

紧接着材料话锋一转,借用泰戈尔的话,点出了"理性"颇具伤害性的一面。这时我们才发现,原来"力量"不仅可以是建设性的,还可以是破坏性的。"力量"能助力我们,也能伤害我们。那么,这篇文章又不得不谈谈"理性"的负面意义了。譬如说,为人处世太"理性",是不是就显得冷漠了些?须知人来人往是难以界限清晰、计算分明的;审美活动里太"理性",恐怕就难以感受到审美对象背后的独到美感和其中寄托的人文情怀;生活中太"理性",是不是又少了些趣味和感动？过度崇尚理性，到底会带来什么伤害？这里我们不妨打开思路，说清道明，不要一句"要把理性和感性结合起来"就糊弄过去。

4. 示范启发

理性的力量

东海钓叟

十七世纪的理性主义哲学大师笛卡儿曾说："只有服从理性，我们才能成人。"从大处说，正是理性使人类走出蒙昧的森林，而有现代的文明；从小处说，又是理性使我们撷取智慧的花朵，得以立身于纷纷扰扰的世间。四百多年过去了，尽管岁月沧桑，世殊事异，我们依然需要理性的力量。

那么，何为理性呢？首先，理性是一种客观、冷静的态度，遇事待人不为一时的冲动而任情使性，使感情的有色眼镜蒙蔽了自己的双眼，可谓一种跳出七情六欲的冷眼旁观；其次，理性还是一种分析、梳理、归纳的处事方法，科学有条理地研究问题、分析问题、解决问题，不至于"剪不断，理还乱"。因为这两种特性，理性的力量也就可知了。

其力，一是洞察之力，它使人拨开迷雾，洞见真相。譬如苏轼之于石钟山的得名问题，没有盲从郦道元、李渤的既定说法，而是质问之、考察之、思考之，最终得出了事实的真相；毛泽东在抗日战争中，针对颓丧与浮躁的风气，深刻分析战争的形势和特点，总结出敌强我弱、敌小我大的特点，从而科学地预见了最后的胜利属于中国。荀子说："凡人之患，蔽于一曲。"凡人皆有认知，然而其认知往往为见识的不足、情感的左右所遮蔽，此时，唯有理性之力使人站定客观的立场，以冷静的态度、科学的方法去分析问题，探得真理的骊珠。

不仅于此，理性还赋予人一种执着之力，使人在滚滚浊流、浩浩狂风之中，因科学的判断而明确真理之所在，故能持守己心，丝毫不惧。一代建筑大师梁思成，面对着"拆除封建帝王遗迹"的狂热潮流，却不为所动，始终为保护北京的古城墙奔走呐喊。他坚信：如今我们不感兴趣的古建筑，子孙后代会产生极大的兴趣。正是对古建保护、城市建设的理性认识才赋予他坚持己见的底气。可见，理性使人有知，继而使人有信。这信力不是迷而信，而是知而信、醒而信。信得冷静，执得深刻。

中国文化是崇尚理性的文化。《中庸》里讲："审问之，慎思之，明辨之。"非理性而何？然而，生活又不该唯理性是从。譬如魏晋名士的放荡不羁，唐诗宋词的任性动情，一挥而就的《兰亭集序》《祭侄文稿》，倘若以冷静、分析的态度来鉴赏，那真是索然无味了。如今正是理性昌明的时代，仿佛理性的办法可以解决一切问题，乃至于人格也能分成"十六型"。事实上，人生中很多的生动精彩，要用直觉去体会；生活中很多的精微复杂，要用心灵去感知。理性的洪荒之力，倘若不加收束，必将伤了自己。

当今时代，科学的研究、产业的发展早已离不开理性，而庞杂纷扰的网络信息也有待理性来辨析真伪。所以，理性之力，其力甚伟，既要用之，更要善用之。

5. 构思解析

提到理性，我首先想到的是欧洲的理性主义思潮。所以文章的开篇，从引用理性主义哲学家笛卡儿的格言入手。从彼时引到当下，点出理性的力量仍为我们所需。

接下来第二段为"理性"界定概念。不少同学在考场上这一段写得比较乱。因为"理性"的内涵和特质是比较丰富的，我们能想到好多与理性相关的词：冷静、客观、分析、条理……这时候我们就需要来分类，构建一个层次。那么经过简单的梳理，这里把"理性"分为两层：第一强调冷静的态度，第二强调分析的思维。这样就能使读者比较清楚地把握重点。

第三、四段分析理性的价值，是本文的重点。这里是按照一个递进的顺序来设计的层次。首先是"理性"帮助我们洞见真相，强调它在解决问题这一层面的价值；其次是"理性"使我们"持守己心"，这是它在我们精神、心灵层面的价值。在段落内，除分别举例印证之外，请大家一定要注意其中的分析性内容：

"凡人皆有认知，然而其认知往往为见识的不足、情感的左右所遮蔽，此时，唯有理性之力使人站定客观的立场，以冷静的态度、科学的方法去分析问题，探得真理的骊珠。"

"因科学的判断而明确真理之所在，故能持守己心，丝毫不惧。"

"理性使人有知，继而使人有信。这信力不是迷而信，而是知而信、醒而信。"

很多同学的论述段，给出观点，下面就是叙述事例。当然，倘若事例准确也还不错。但是一篇高分作文，一定要学会说理，能够讲一讲我的观点之道理何在，为什么"理性"确有此意义。

这两段还有一处小小的设计，即在分论点的表述中特地强调了"力"：洞察之力、执着之力。这是为了呼应题目中的"力量"，增强文章的切题性。

倒数第二段，首先轻轻一点——"中国文化是崇尚理性的文化"，把理性上升到中国文化的高度。但是这段真正要讨论的是理性的负面力量，举出历史上、生活中的事例，来说明生活"不该唯理性是从"。这里务必要注意表达的分寸，前文主要论"理性"的正面价值，这里不要又把"理性"打死。因此，我们不是要说"理性"不好，只是说不能"唯其是从"。

文章结尾，略略点到网络时代理性的重要性，稍微增加一些针对性、时代感。当然，对此话题感兴趣的同学可以细论，本文并未把这个话题当作重点。一篇考场作文，字数有限，我们必须做出详略的安排与内容的取舍。

最后以"既要用之，更要善用之"把上文所论的内容统统收束在内。

6. 强化练习

> 一题或有百解，人生时存殊途。先秦时期礼崩乐坏，诸子为求社会安定，开出了不同的"药方"；身陷匈奴远离汉廷时，李陵弃节，苏武守节，两人走上了不同的道路。
>
> 请以"殊途"为题，写一篇议论文，不少于700字。
>
> 要求：论点明确，论据充实，论证合理；语言流畅，书写清晰。

三、挖掘概念的多层含义

1. 典型例题

> "共享"，是一种具有特别价值的理念。有人说，共享能够增强群体效应，促进共同进步；也有人说，共享能够增进彼此认同，促进各自发展。
>
> 请以"共享"为题写一篇议论文。可以从生活需求、文化交流、

社会治理、国际合作等方面,任选角度谈自己的思考。

　　要求:论点明确,论据充实,论证合理;语言流畅,书写清晰。

2. 题型概说

有的概念类作文,除了三段论的写法,还可以依托于概念的多层含义予以展开。我们把"共享"和"预判"这两个概念放在一起比较,就会发现"预判"的内涵是比较确定的,但是"共享"的内涵却是多重的。比如说,"我拿一块蛋糕和你共享",相当于把一块蛋糕分了,这是一种"共享";"共享单车",大家分时租赁这辆车,这又是一种共享。前面讲过的"理性"也是如此。对于这一类具有多重内涵的概念,我们可以在"是什么"这一层面予以展开,据此设计文章的层次。

概念类作文的一般写法,是在第二段界定概念的内涵,接下来三、四段进行为什么、怎么办层面的论述,由此构成了文章的主体。

比如第一节所介绍的三段论式写法:

- 是什么:什么是"预判"。
- 为什么:"预判"的意义。
- 怎么办:如何科学"预判"。

第二节所介绍的侧重价值分析的写法:

- 是什么:什么是"理性"。
- 为什么1:"理性"的意义1。
- 为什么2:"理性"的意义2。

本节所要介绍的写法,简单呈现是这样的:

- 是什么1+为什么1:"共享"内涵1+"共享"意义1。

- 是什么2+为什么2："共享"内涵2+"共享"意义2。
- 是什么3+为什么3：……

有的时候，题干中会对概念给出一点基本的界定。比如在"理性的力量"中："理性，相对于感性而言，它意味着人有判断和推理的能力。"北京高考作文题"文明的韧性"，也给出了"'韧性'是指物体柔软坚实、不易折断的性质"。但是此题却没有给出"共享"的概念界定，只是给了一些"共享"的意义。请同学们注意，概念类作文的写作，一定是以概念内涵的理解为基础的。"是什么"不清楚，则"为什么"难落实。一定要搞清楚所给概念的内涵是什么，有几层内涵，然后再进入深一层的探讨。

有的同学在写作中也有界定概念的步骤，但是却把界定概念当成了流程性操作，概念的界定并没有与下文产生关联，没有推动文章的构思。而事实上，准确界定概念应该为后文的写作起到铺垫作用，在本题中大家会看到，清晰、多层次的概念界定将直接为文章的层次设计产生助力。

3. 解题点拨

本题题干第一句话："'共享'，是一种具有特别价值的理念。"由此可知，此题讨论的核心是"共享"的价值。但是别急，我们首先应该追问"共享"是一种怎样的理念。当题干中没有给出界定，我们最好将此词带入生活中、带入日常的语境中，去提炼它的含义。

如前文所述，"共享单车"这里的"共享"，其实是一种共同使用，是使用权的分享，并不是把一辆自行车大家来分了。但是"共享一块蛋糕"的"共享"，则是实实在在地把一块蛋糕分给众人。所以，在日常的语境中，"共用"是其一层内涵，"共有"又是其一层内涵。我们也可以再打开思路，想想"共享"还有什么内涵。

材料中的第二部分是提示"共享"的价值，材料给出两个层面，即"共享"对"共同进步"和"各自发展"两方面的意义。"共同进步"，强调"共享"对群体的价值。而"各自发展"，则强调"共享"对个体的价值。我们要想写得充实，在这里就要往细致处追问了，譬如：

哪一种共享有利于"共同进步"？哪一种共享有利于"各自发展"？

"共同进步"，是福祉的提升、利益的增加还是效率的增长？

享受共享、得到分享的一方自然是获益的，那么施以共享、分享与人的一方是否也有收获呢？

…………

我们对概念的认识，一定不要流于表面，说一些轻飘飘的空话。有的同学说"理性"，那就是"理性"好好好；说"预判"，则是"预判"好好好。对概念的认识缺乏一点厚重感和真实感。

写作文当然是一种理性分析，但一定要从感性的认识出发，从生活经验、人之常情出发。就说"共享"吧，在生活中，我们把自己的东西拿出来与他人分享，尤其是独有之物、心爱之物、贵重之物，其实并非一件易事。那么就可知，乐于"共享"是一种格局，而不"共享"也不应受到指责，我们应尊重"共享"者，也要理解不"共享"者。进一步我们还可以想想，什么是可以"共享"的，什么是不可以"共享"的，"共享"的原则和边界在哪里？如此一来，文章的讨论就到了一个更高的层次，而不是简单去写"共享"好好好。

4. 示范启发

说"共享"

东海钓叟

地铁口整齐待"扫"的共享单车，商店柜台前随"借"随用的共享充电宝，还有公园里的共享童车，医院门口的共享轮椅……不知不觉，"共享时代"已经来临，"共享"已是促进社会经济发展、推动生活方式变革的重要力量。当此之际，我们当善用"共享"，深思"共享"。

"共享"，其内涵首先在于共用。其实质，是对有限资源的盘活。进而提高资源的利用效率，既能节约社会资源，又能更广泛地服务大众。譬如共享单车，就是通过分时分享的方式，将一辆自行车的利用率大幅提升，解决了大城市通勤"最后一公里"的交通问题。可谓物尽其用，人得其便，商获其利，真是一种共赢的智慧。

不止于物之"共享"，当今时代还流行着知识的"共享"。网络社区中知识大 V 对专业学术问题的分享探讨，令未逢其师的网友终得答疑解惑；视频网站中名校名师的公开课，使得千里之远的学子共享了一流的课程资源；而世界名校的慕课平台，更圆了多少人走进名校课堂的梦想。

"共享"的内涵，还在于共通，乃至于共有，即通其有无，将一己之资源分享于众人，使得人人均有，天下大同。这就不仅仅是一种智慧了，而是一种胸襟、格局。曾几何时，中国就向全球共享了新型冠状病毒基因组序列，助力全球疫情防控，正是我们大国的担当；而马斯克开放特斯拉的技术专利，推动了全球新能源汽车的发展，则体现了一位国际企业家的胸怀。不独享己有，不坐视人无，不仅需要长远的眼光，更需要打破私心的藩篱，站在国家与人类的视角，为举世谋，与环球共。

孟子说："独乐乐不如众乐乐。""共享"不仅有用、有格，更有乐。人性有自私的一面，也有利他的一面。倘若说谋私使人窃喜，那么利他则使人坦荡，进而收获一种满足、充实的喜悦。子路"愿车马、衣轻裘与朋友共，敝之而无憾"。倘若从物质的得失来看，分享车马、轻裘乃是一种损失，然而我们在这中间却分明看到子路的快乐，那种昂扬慷慨的气质，饱满大度的人格，千载之下仍令人动容，真可谓"君子坦荡荡"！

然而，"共享"不应成为盗版、剽窃的遮羞布，更不应成为道德绑架、单方面索取的幌子。须知，人或有"共享"的境界，也有不"共享"的权利。保护公共的物权，维护他人的知识产权，尊重他人的自主意愿。把握"共享"的边界与规则，才能更好地享受"共享"之利。

"共享"之义，大矣哉！

5. 构思解析

概念类作文有一种开头的方式，就是联系相关的生活现象，进而引出话题。因为时下提到"共享"，首先会想到共享单车、共享充电宝等一系列的事物，因此本文选择从这里切入，轻松自然，又增加了现实气息。

第二段、第三段是论述的第一大层。首先用两句话去界定"共享"的第一层内涵："其内涵首先在于共用。其实质，是对有限资源的盘活。"譬如物之共享，如共享单车；又如知识的共享，如网络公开课。这一层"共享"的意义就在于"提高资源的利用效率，既能节约社会资源，又能更广泛地服务大众"。

在考场上，不少同学点到共享单车，这里提醒大家，倘若以此来论述"共享"的价值，那就必须说清楚共享单车到底有何意义，要落实下来，不能是一句"比如共享单车"就此了事。共享单车怎么了？"将一辆自行车的利用率大幅提升，解决了大城市通勤'最后一公里'的交通问题。"要点得清清楚楚，明明白白。

第四段是第二大层，先指出"共享"的第二层内涵："还在于共通，乃至于共有。"这就不是分时租赁、共同使用了，而是把"我自己的拿来给你们大家"，这里举出一中一外两个事例，以增加举例的丰富性。

接下来，我希望讨论能够再深入一层。之前说过，"共享"难为，那么为什么有的人却乐于共享呢？我把我的知识、我的财富拿来与人共享，其实从功利层面来说，主要是利人，而不是利己。当然，利人和利己也有可能是统一的。但是我想生活中我们的一些"共享"的行为，并不是出于利的考量。所以，第五段来论"共享"带给人的精神满足。赠人玫瑰，手有余香。这"余香"实则是一种因利他而产生的快乐。

文章的倒数第二段是一个辩证段落，如前文所说，"共享"就是一味的好好好、对对对么？那么，"共享"好好好、对对对，我们就能以"共享"之名，行不义之事么？一切的概念都有它的局限性，这不见得是概念本身有问题，而是它有可能衍生流弊。"理性"是好东西，但是过于理性，就少了人情味。"预判"也是好东西，但是事事预判、依赖预判，又少了灵活性。

所以我以前的一个学生介绍写作经验，说一切的概念都是不足的，凡事要从反面想一想。我想，他说的很好。这也可以说，我们对任何好的概念，不妨都保持一份审视。所以这里提到了"人或有'共享'的境界，也有不'共享'的权利"。要把握好"共享"的边界。如此才算是考虑全面。

6. 强化练习

> 不同的社会、时代里，不同的文化、群体中，不同的人对"愚"有不同的认识。在生活中，有人努力摆脱"愚"，有人执着坚

> 守"愚"。
> 　　你对"愚"有怎样的认识和思考？请以"说'愚'"为题，写一篇议论文。
> 　　要求：自选角度，观点明确，内容充实，书写清晰；不得抄袭和套作；不少于700字。

四、侧重怎么办的写法

1. 典型例题

> "续航"一词，原指连续航行，今天在使用中被赋予了新的含义，如为青春续航、科技为经济发展续航等。
> 　　请以"续航"为题目，写一篇议论文。

2. 题型概说

　　在三段论——"是什么""为什么""怎么办"中，"是什么"是展开讨论的基础。一个概念，我们只有厘清它的内涵，才有可能明确其价值。写作概念类作文，"是什么"是永远都绕不过去的，只不过有的概念内涵较为浅显单薄，则不必在此环节多费笔墨；有的概念内涵深厚，则须细细剖析。"为什么"往往是我们作文的主体内容。之前我们讲过，对于一些题目，在"为什么"这个层面我们是要打开2～3层去论述的。

　　而"怎么办"我们却一般不作为行文的重点。比如说"共享""理性"这些概念，其讨论的焦点自然是不在"怎么办"上的。怎么"共享"？如何"理性"？似乎并非值得优先讨论的问题。甚至可以说，有的概念实际上不存在"怎么办"的问题。诸如此类的题目，如果我们在"怎么办"上花费太多的笔墨,其"怎么办"又写得琐碎拉杂,文章就会有偏离中心、言不及义之感。

不过也有的作文题,我们是可以大胆讨论"怎么办"的。譬如"预判",因为如何"预判"的确是一个"真"问题,是一个需要去研究讨论的问题。又比如这里的"续航",好比我说现在骑电动车,忽然没电了,这时候如何"续航"就是一个非解决不可的问题。当然了,"续航"这个话题也是可以以"为什么"为核心的。但是本篇想要呈现的,是如果我们以"怎么办"为核心内容应该如何展开写作。

以"怎么办"作为文章重点,需要注意三个问题。

第一,所给出的2~3点对策不要彼此孤立,最好形成一个完整的逻辑关系。比如为传统文化续航的对策,一是继承保护,二是创新变化,这样文章的整体性就有了。当然,逻辑性也是要努力通过表达去构建的。

第二,不要在对策的讨论中把概念本身丢了,造成偏题。比如题干中说的"科技为经济发展续航",那么在论述中就要注意扣住"科技"与"经济发展续航"之间的关系,最后还是要落在"续航"上,不要写成谈"科技创新的重要性"。

第三,所给出的对策不宜过于具体,一般来说,点出大方向即可。比如"发展科技"这个"续航"的对策就是大小适宜的。倘若我要专论"发展 AI 技术来为经济发展续航",那这篇文章就过于细碎,有写成说明文之感。

下面请大家结合文章与解析来深入理解吧。

3. 解题点拨

此题可以说是一道比喻类作文。较之于"预判""共享""理性","续航"一词其实是一个喻体。材料中说"原指连续航行,今天在使用中被赋予了新的含义",那么我们就要思考"续航"比喻什么,被赋予什么"新的含义"。

什么叫作"续航"?我们不妨回到"续航"一词的原始语境中去思考。轮船的航行,我们不会在启航时就谈"续航"的问题。讨论"续航",其实是有两种情况的。

第一,是我们的航行遇到了困难,或动力不足,或航路阻碍,这时候我们克服困难继续前进,可称之为"续航"。

比如材料中提到的"为青春续航",就属于第一类情况。我们总有告别青春的一天,我们的青春结束了,怎么办?我们要探讨的便是我们如何才能将青春接续下去。显然,这种接续不可能是生理意义上的,而应该去精神层面去探寻。

第二,是我们的航行抵达了某处阶段性的目的地,我们没有自满于此,而是再次出发,向着更远处、更高处继续前进,也是"续航"。

材料中提到的"为经济发展续航"则是这种情况。我们的经济发展到某一个阶段某一个层次了,我们是不是可以故步自封了?当然不是,唯有再次出发,才能推动我们向更高水平去发展,由此提高我们的实力、砥砺我们的精神。此种"续航"的价值尤为值得探讨。也是一般考生写作此题的认识盲区。

我们在一篇文章中就此两种内涵分别加以讨论也是可以的。

要注意,"续航"不等于"航"。"续航"有一个隐含的前提,那就是事物的发展已经完成了一个阶段,恐将或已然陷于停滞。"续"字中包含的"一个阶段又一个阶段"的内涵,写作中要予以落实,才算是切题。

此外,从材料中的两个例子来看,首先,"续航"要有明确的主体,不能没有着落、空泛地去谈。我们是在论青春续航、经济续航还是文化续航?行文可以结合几个领域来谈,也可以就某一个领域来谈，写一篇专题议论文。其次，材料中"科技为经济发展续航"这个事例，强调的是科技在经济发展续航中的作用，这就是在引导我们去思考续航的条件、怎样续航。此题材料虽然不长，细细分析，却有不少提示。

4. 示范启发

续　航

东海钓叟

　　世界四大古代文明，唯中华文明绵延至今。然而自晚清欧风美雨浸染侵蚀以来，西化的潮流如滚滚波涛，几令中国传统文化的艨艟巨舰抛锚搁浅，其文明命脉之危，真所谓"不绝如线"！如今，站在民族伟大复兴的历史关口，如何使中华传统文化续航向前，驶向星辰大海，是我们不得不认真思考的重大命题。

　　所谓文化的"续航"，即于文化传承与发展陷于困境之际，为其再造生机，接续活力。譬如春秋时代，王纲解纽，文武之道近乎坠地，于是有孔子整理文献，传播古道，令崇德尚礼的古老文化绵延至今；又如宋代初年，儒家思想受到佛老之冲击，日益衰微，正是周敦颐、张载、二程这一班学者，开创理学的全新路径，令儒家思想再度辉煌。可见，一代文化的续航，必仰赖一代人的信念与智慧。

　　因此，文化的续航，首先在于葆有一种热情与信仰，这恰如航船的风帆，赋予巨轮以不竭的动力，穿越时间的波涛。两千多年前，当蛮横的秦火焚烧了古代的典籍，伏生不惜一死，留藏了一部《尚书》，使得这部煌煌巨典在汉代重见天日，流传至今；两千多年后，当传统的"吟诵"随着现代朗诵的普及而濒危时，又有一批年轻学者遂为之奔走采风，抢救推广，亦是出于心底的热爱与忧虑。钱穆先生在其著作《国史大纲》的序言中写道，凡阅读此书者必于中国之历史文化持一种"温情与敬意"。知识分子作为文化的传承者，没有一颗真心，决然不能驶得这万年之船。

当然，续航之关键不仅在"续"，更在于"航"，在于使传统文化自有一种演进发展的生机，不止于做了封存于展柜的展品。这样一来，传统文化的续航更需要变通创新的精神，使之与当代生活接驳。譬如日前河南洛阳举办的"隋唐华服秀"，把汉服文化与时兴的直播、打卡结合起来，这使得穿汉服在人们眼中不再是一种复古、怪异的行为，而成了一种火爆出圈的潮流。反之，诸如《弟子规》国学培训之流，大讲"谏不入，悦复谏"的所谓传统孝道，刻板片面、不加辨别地迂腐守旧，最终只能使传统文化的巨轮停滞于一潭死水。

可以说，没有坚定的信念，续则不久；没有创新的智慧，航则难远。

我们深知，一个民族的绵延，有赖于其文化的续航。文化若死，则民族精神亦亡，其立足于世界之林，不过如空空如也、任人摆布的木偶。只有内生的文化，才能催动本民族不竭的发展之力。这是我们今天要为文化续航的原因。

一代文化的续航，须一代人的奋发有为。而人类的航行没有止境，文化的续航亦是"人生代代无穷已"。中华文化这艘巨轮的续航，离不开每一位奋发振作的船员。愿我们每一位青年"水手"，都能勇于接过前人的舵与桨，劈波斩浪，前行不止。

5. 构思解析

这篇文章采用了专题式写法，专门谈文化续航。写专题议论文要注意专题的选取，不宜选取太小、太偏的专题。要就一些有价值、有宽度的话题展开论述。

　　文章从四大文明古国的文化传续说起，虽然中华文明是其中唯一一个"续航"至今的文明，其航行的过程却并不轻松，甚至危机重重。"续航"不是轻而易举、自然而然的，而是汇集努力、智慧与牺牲的结果，由此引出如何"续航"的讨论。

　　文章的第二段解释"续航"的含义，特地强调了"于文化传承与发展陷于困境之际"，点出"续"字暗含的一层意思。接下来的举例，都是顺着这一逻辑展开。强调儒学的发展陷入困境了，总有人站出来使之接续前行。这里提示大家，我们在第二段界定概念的时候，也是可以结合例子来说的，以使之更为饱满充实。

　　举例之后，在本段最后一句话，点出"信念与智慧"两个词，统摄下文内容。第三、四两段写如何为文化"续航"，一段谈"信念"，一段谈"智慧。"因此，第二段我们可以做的事很多。它是一个过渡性、准备性的段落。可以承上，也可以启下。

　　第三段强调信念与热情对文化传承的重要性。无论是古代传经的伏生，还是现代继承吟唱的学者，都是凭着一腔热情在为文化的"续航"努力。第四段强调变通转化的智慧。因为文化的"续航"，不是要一条老船开到底，从划桨之船，到风帆之船，到火轮船，文化这条船也是要不断更新升级的。上一段论述以古今为维度设计事例，这一段就以正反为维度来呈现，使两个段落富有变化，不至于呆板。

　　"可以说，没有坚定的信念，续则不久；没有创新的智慧，航则难远"这一句话构成了第五段。这一段其实是对第三、四段的收束。在前文说过，我们要注意两个"怎么办"的逻辑。"信念"与"智慧"是一组并列关系，有关系，但是关联不紧密。在第五段用"续则不久"与"航则难远"，拿出"久"和"远"这两个词把"信念"与

"智慧"统一起来，这样就加强了逻辑的严密性。

好的文章结尾，讲究文气不尽，即能推出新的一层意思来。"续航"之"续"，永远没有完结，所以这里点出"人类的航行没有止境，文化的续航亦是'人生代代无穷已'"，可见"续航"是一件永恒的事业。那么至于一代又一代的人，自然都是"续航"的水手，将为"续航"贡献自己的力量。如此，文章的结尾段就不是对上文的一个简单的收束，而是又递进了一层。

阅读本文，请大家留心一些文学性表达。比如：

几令中国传统文化的艨艟巨舰抛锚搁浅。

这恰如航船的风帆，赋予巨轮以不竭的动力，穿越时间的波涛。

刻板片面、不加辨别地迂腐守旧，最终只能使传统文化的巨轮停滞于一潭死水。

…………

以上的句子，都与轮船航行有关。这就是写比喻类作文的技巧。比喻类作文的写作，是要讲究一个形象化的。为了使文章更切题，就需要一些与"续航"相关的表达。所以我们写作之前，不妨围绕着"续航"这一喻体梳理出一些相关的词汇，比如艨艟巨舰、扬帆远航、劈波斩浪等等。要做到文学性表达与概括性表达穿插使用，才能使得比喻类作文又形象又清晰。

6. 强化练习

> 围棋比赛的开始阶段，棋手们总会通盘考虑，布置棋子。善布局者往往能谋全局，析个体，审主次，辨急缓，定次序……以开好局，应变局，育新局。书法绘画、文学创作、人生规划、国家发展等同样少不了布局。

以上材料引发了你怎样的思考，请以"说布局"为题写一篇议论文。

要求：论点明确，论据充实，论证合理；语言流畅，书写清晰。

五、说理散文的写法

1. 典型例题

电影《流浪地球》中，人类化险为夷的策略，尽显中华传统文化所蕴含的"化"的智慧。"化"，是化干戈为玉帛，是化惊涛为细流，是化腐朽为神奇……

请根据上面的文字，自选角度，自拟题目，不限文体（诗歌除外），写一篇文章，不少于800字。

2. 题型概说

概念类作文的最后一篇，为大家讲解"不限文体"的一类题目。

严格意义上的议论文，以说理为核心内容。文章要围绕着中心论点展开，一切的段落设计、事例叙述、句子表述，都为论证中心论点服务。比如北京近年的考题，都是明确要求要写议论文的。但是也有的考题在要求中是"不限文体"的，这时倘若要写说理的文章，灵活些也是不妨的，写一篇说理散文也是不错的选择。

所谓散文，并非一个严谨的概念。散文一词，最初是针对骈文而言的。但是我们现在所说的散文，大抵是指一种"形散而神不散"的文体。写景散文、叙事散文、写人散文、说理散文、抒情散文……皆可谓之散文。

散文的写作，首先是可以"散"，文章的布局可以松散些、灵活些，时而可叙述，时而可说理，时而可抒情。忽而可实写，又忽而可虚写。不必严丝合缝，逻辑森严。其次是要有"不散"，比如，我们要有贯穿前后的中心，或者贯穿始终的话题，抑或是清晰可知的行文线索。散文之美，就在于灵活自由，又有章法可循。反过来说，行文拘谨、想象力匮乏和东拉西扯、毫无章法，都不是好散文。

议论文的语言追求精准，关键处要有概括性的表达，要把理说透。但是说理散文，其语言风貌则可以更为形象生动，要写出一种趣味、一种情调来。说理散文较之于标准的议论文，呈现效果应更具文采。同时，我们也不必一定站在绝对客观的立场上分析说理，我们完全可以寄托自己的情感，表达自己的偏好。

3. 解题点拨

尽管我们准备写一篇散文。但仍然首先要搞清楚概念的含义。

在电影《流浪地球》中，人类试图利用木星对地球进行"引力弹弓"加速，却因木星的潮汐力突增，导致地球面临坠入木星的风险。在生死存亡的时刻，位于地球和空间站上的人类联手展开自救，并成功引燃木星大红斑中的氢，将地球推离木星，成功脱离险境。在这一宏大的科幻构思中，便呈现出一种"化"的智慧。

孤立来看"化"，含义非常广泛。但倘若细读材料，就知道材料的"化"其实是"转化"，即"化……为……"，而且尤其指化不利的为有利的。那么我们写作最好以此为限定，不要无限泛化"化"的内涵。

"化"不是对抗，既不是片面地消灭什么，也不是孤立地创造什么，是就着现有的情况，将计就计，巧妙运筹，改变现状的性质。在电影中，我们并不是说把木星从地球的航程中清除，而是利用某些条件，将其破坏力转化为助力，它特别类似太极拳中借力打力的思想，讲究四两拨千斤。而往深层说，"化"的思维体现了中国人的一种处世智慧——灵活、融通、积极。在写作中，一定要把概念理解对、落实准。

写一篇散文，我们要打开思维。"化"是中华文化蕴含的智慧，那么不妨想想生活中、历史上那些与"化"有关的素材，寻找这些素材之间的关联，最终贯穿成篇。或者想一想我们所熟悉的领域、话题，是否有"化"的元素。比如下面的范文，就是从饮食角度来谈的。

那么中国的书法、绘画、诗文、武术，是否也有"化"的智慧呢？比如说，咱们在古诗词学习中，有一种叫作"化用"的手法，就是一种"化"。熟悉黄庭坚的同学可能记得，他的一个诗歌创作理念就是"夺胎换骨"，就是强调把古人陈旧的句子，化为自己新颖的表达。而在数学解题中，则有"化简"的方法。可见，"化"的智慧的确是处处可见的。

4. 示范启发

舌尖上的"化"学

东海钓叟

中国是饮食大国，"中华优秀传统文化"，恐怕有三分之一是从"吃喝"二字来。不必说"食不厌精，脍不厌细"的孔子，也不必说苏东坡、袁枚等老饕，但说今人所编《国菜精华》一书，采撷古今三千年国菜文献，竟有百万字之巨！我们便不得不佩服中华先贤用在舌尖上的智慧。

而这千余年、百万字的智慧之中，就隐隐约约闪现着一个"化"字。

不错，中国菜是讲变化之道的。这其中的精义就在于，普普通通的原料，一经巧手的点化，顿时光彩照人。川菜中有一道"开水白菜"，普普通通的白菜，经过厨师的匠心妙手，入口竟有鱼羊之鲜。据说当年中日建交，日本首相来访，国宴上就有这道菜。崔岱远先生在《京味儿》一书中，凡举炸灌肠、烧茄子、炒合菜等老北京的平民肴馔，无一不是用料家常，施以巧思，不但将平淡无奇的淀粉、菜蔬、猪羊油脂转化为别具特色的美味，更将平平淡淡的日子化出一份意蕴，长留老北京的青砖瓦浪之间。

这还不算，更有甚者，如臭鳜鱼、臭豆腐、豆汁儿一类臭食，简直是化废为宝，在饮食之中别开生面。北京人爱喝花茶，但据说花茶的诞生最初是因为南方运来的茶叶失鲜，以浓烈之花香掩盖陈朽之气罢了。如今竟演化出一大茶类，发明出一套花香"窨制"的工艺，行销全球，岂不妙哉！

这令我想到中国人的世界，向来不是二元对立，而是互通、互感、互化的，圆融贯通，变化自由。如此一来，中国人的"化"，简直可以上升为一种"化"之学，乃至"化"之道。《西游记》中菩提祖师教孙悟空七十二般变化，以跳出生死的束缚。恐怕正是寓意着中国的文化以变化万端来应对世上种种困局。你看鸿门宴上，沛公、张良、樊哙的一番表演，竟然在杯酒之间化险为夷；晏平仲"二桃杀三士"的故事，只用两个桃子就化解齐国的危机局面；赵匡胤杯酒释兵权，三言两语，在酒桌上削去石守信等人的兵权，唐代以来的藩镇之乱自此化为乌有。一餐一饭之间就有如此玄机。

自然，也有如孔子"割不正不食"这种冥顽不化的戆者，知其不可而为之，那就是另一种伟大了。有化的智慧，亦有不化的境界，正所谓"仁者乐山，智者乐水"——这正是中国文化的妙处。

以我自己的烹饪与阅读经验，恐怕在中国厨师眼里，没有不得转化的食材；在中国哲人眼里，没有不得转化的困局。说得夸张一点，中国人正是在一个"化"字的影响下，吃了五千年的上下美食，传了五千年的乾坤文化。

可叹的是，如今有些菜品创新，化鲜活为陈腐，化个性为平庸，入口无非呛且辣矣！所谓"点金成铁"，化宝为废，真是不敢恭维。而至于那些随风摇摆、与时俱化的"识时务者"，愚笨如我，更要敬而远之了。

5. 构思解析

本文题为《舌尖上的"化"学》，谈的是中国饮食文化中"化"的智慧。不说"饮食中"，而说"舌尖上"，有增加其形象性、增加表达趣味的用意。

开篇自古今老饕说起，引出饮食中"化"的智慧，语带诙谐，散文风格明显。接着以开水白菜、《京味儿》等例子，来说明"化"的第一层内涵："普普通通的原料，一经巧手的点化，顿时光彩照人。"这就是典型的"化"，属于化普通为惊奇。要是谈葱烧海参、佛跳墙之类的高级名菜，那就不叫"化"。因此即使是散文，举例子也是要讲求准确的。紧接着举各类"臭食"，这是在前文基础上递进了一步，谈到了更深层的"化"——化废为宝。这两段，都算是摆案例、摆现象。

接下来的一段，是文章的升华。讲到中国人的"化"之道，由现象谈到一种哲学。即"不是二元对立，而是互通、互感、互化的，圆融贯通，变化自由"。这就说到了"化"背后的东西，文章推进了一层。这一层中列举神话、传说、史实，以此解说"化"的智慧。文章要说饮食，又不止于饮食，入乎其中，出乎其外，就必须有这一层，否则格局就小了。

下面忽然一转，谈到了中国文化中还有另一面——"不化"的戆者。其实，这里是正话反说。这里的"不化"，乃是一种不改初心、矢志不渝的志士。"化"有"化"的美感，"不化"有"不化"的高明。当然，本文以"化"为主体，这里"不化"只是轻轻一点，使得文章宕开一笔，拓宽话题。

接下来的两段，作为文章收尾，把烹饪和为人勾连起来，卒章显志。文章自美食烹饪说起，以为人处世收束。正所谓"醉翁之意不在酒，在乎山水之间也"。散文讲求一个借题发挥、托物言志。倘若就烹饪论烹饪，缺少言外之意、弦外之音，那就真成了地道的菜谱了。

6. 强化练习

> 杭州西湖之畔有块大石，上面镌刻着"生活家"三个大字。生活中，我们听得多的是科学家、哲学家、教育家、政治家等。"生活家"，他们将生活当作终生事业，并营造出自己个人的独特生活方式。
>
> "生活家"引发了你怎样的联想和思考？请自选角度，自拟题目，联系实际，写一篇不少于700字的文章，文体不限。

关系类作文

一、相互补充的关系

1. 典型例题

1933年,29岁的郑大章获得法国国家理化博士学位后,拒绝了导师居里夫人的挽留,回国筹建镭学研究所,筚路蓝缕,成为"中国放射化学的奠基人"。

1950年,26岁的旅美物理学博士朱光亚归心似箭,他在《给旅美同学的一封公开信》中写道:"让我们回去,把我们的血汗洒在祖国的土地上,灌溉出灿烂的花朵。"

1990年,26岁的著名体操运动员、奥运冠军李宁退役后,创立了自主研发专业体育用品的"李宁"公司,致力于打造领先全球的民族品牌。

2020年,北京航天飞行控制中心指控大厅里,随处可见洋溢着自信的青春面孔。数百个关键测控岗位上的负责人,大多为"80后""90后",平均年龄仅33岁。

正如钟南山院士所说,"青年人不但要有志气,还要争气"。对此,你有怎样的认识和思考?请以"志气与争气"为题,写一篇议论文。

要求:观点明确,内容充实,论证合理。

2. 题型概说

顾名思义,"关系类作文",就是谈两个或多个概念之间的关系。

写作关系类作文,核心任务在于构建关系,进而论述关系。我们在认识关系的时候,要以"对立统一"为根本的出发点,既要思考概念之间的对立,也要思考概念之间的统一。有的时候,两个概念看似是对立的,比如"忘记与铭记",但我们千万不要忽视了其统一性;有的概念看起来相似,比如"成功与成材",但我们一定要想想二者的差别。

不过,一般来说,"对立"是比较容易理解的,关系探讨的难点主要在于"统一"。从哲学上来讲,"统一",包括相互依存、相互贯通、相互转化等内涵。那么具体到关系类作文中,常见的有以下三种基本类型。

互相补充:两个概念各有价值,但独木难支。二者互相补充,缺一不可。有时我们会发现两个概念统一于一个更上位的概念。简单来说,就是两个概念对某一个主体来说,都很重要。可以简要地提炼为"对主体的 C 来说,既要 A,也要 B",比如对人生的成长来说,"自立"很重要,"借力"也很重要;对文化的发展来说,"守正"很重要,"创新"也很重要。

互相作用:两个概念中,其中一者对另一者的发展变化产生作用,或者双方互相作用,二者之间存在着彼此施力、互相促成等关联。比如"新时代新青年",二者互相助力,彼此成就。又如"读书与成长""自制力与个人发展"等。

互相转化:两个概念在一定条件下可以发生转化。比如后边章节要提到的"困局与新局",二者既不是缺一不可的互补关系,也不是互相产生影响的。而是二者之间看似对立,却暗暗相通,彼此含有,最终"困局"向"新局"转化,"新局"也会转化为"困局"。

当然,写作永远是灵活的,有的概念之间存在着多重、交叉的关系,有可能两个概念之间既存在互补关系,又存在转化关系。还有的时候,概念之间的关系要更为具体地来认识、讨论。关键在我们如何理解、如何构建,看我们要强调什么。我们不妨拓宽思维,条分缕析,一一辨明,不必拘泥于一隅。要注意关系的构建一定要基于常识,避免造作刻意。我们可以先从直觉出发,对 A、B 概念的关系有一个初步笼统的判断,在此基础上再加以细致讨论。

关系要构建得扎实、准确,一定要先搞清楚两个概念的内涵,只有明确了各自的内涵,我们构建的关系才是准确的,论述才有可能是充实的。北京市海淀区高三模拟考曾有一道命题作文,题目是"学以成人"。谈的是"学习"和"成人"之间的关系。很多同学在考场上没话可说,只好"学习就成人,不学习不成人"颠来倒去地重复说理,因为实在想不到"学习"和"成人"有什么可论述的。而我校一位满分的同学则认真思考了"成人"的内涵。他认为,"成人"具有知识的成人、理性的成人、德性的成人三个层面,文章就此得以展开。所以,我们为什么要先讲概念类作文?因为概念认识是一切作文的基础。

本题两个概念,主要是一种互相补充的关系。很多同学在论述这类关系时,容易出现模糊言之的问题:比如 A 很重要,B 也很重要,A 和 B 都很重要。在这个粗线条认识的基础上,我们还要把问题细化,想想 A 重要在哪,B 重要在哪。或者说 A 对 B 重要在哪,以及 B 对 A 重要在哪,明确二者的统一关系到底是怎样的。

3. 解题点拨

此题引导语中钟南山所说的"青年人不但要有志气,还要争气"是非常重要的。这句话明确了"志气"与"争气"的基本关系，即二者互补，缺一不可。我们的关系构建就应该基于此来展开。

我们首先要明确概念。"志气"这个词，它的核心是"志"。"志"这个字，在篆书中上面是一个"之"，下面是一个"心"。"之"在文言文中是"去"的意思。因此"志"的本义是心要去的地方。人要有志气，就是说一个人应该有高远的目标，并有追求这一目标的勇气和毅力。从对"志"的分析中，我们可知，"志气"对一个人的成长，具有目标、导向、引领的意义。我们再来看"争气"。它与"志气"一词最基本的不同，就是"争气"是个动词。"争"，强调的是一种行为、一种实践。

那么，"志气"和"争气"的关系也就水到渠成了。显然，先要有"志气"，然后要"争气"。"志气"为"争气"确立了目标，指明了方向。没有"志"的认识，则"争"得茫然。反过来，"争气"则是实现"志"的必要过程。没有"争"的行动，则"志"空无所依。这就是二者"互补"的具体落实。那么行文也不妨分成两大层，分别予以论述。

大家注意，此题题干中还有一组超长的材料，列举了一系列的人物故事。千万不要忽略，它一定有其引导或限定作用。请看，从郑大章、朱光亚，到李宁、航天工作者，他们都有着共同的特点，即为国立志、为国争气。显然，此题要谈的"志"和"争"，不是关乎个人成功的"志"和"争"。因此，行文不能仅仅盯住"志气"和"争气"两个词，不顾其余，还要注意题干在宏观立意层面的引导，对题干有整体的理解把握。所以，本文应从大处下笔，着眼于青年人与国家、民族、人类的关联，才算是切中了题意。

4. 示范启发

志气与争气

东海钓叟

一百多年前，孙中山先生曾说"要立志做大事，不要立志做大官"，以激励彼时的青年奋发有为，起来救国救民。时至今日，温故而知新，于人犹有启迪。钟南山讲"青年人不但要有志气，还要争气"。在我看来，青年人犹当以天下国家为志，争民族强盛之气。

"志"者，士心之所向也；"志气"，即一种勇于追求的气魄。青年志气，宜大不宜小，其立身处世，要有挺膺前行、舍我其谁的气魄。中华民族向来有"天下兴亡，匹夫有责"的精神。汉代有陈仲举"大丈夫处世，当扫除天下"的豪言；宋代有范仲淹"先天下之忧而忧，后天下之乐而乐"的壮语。前者有抗击宦官专政的义举，后者有肃清吏治的美政，虽不免于失败，乃至于身死，其有志于天下的责任和担当，其精神与风骨却永垂青史。此无他，在历史面前，个人无非天地蜉蝣，沧海一粟，唯有融入民族与国家的宏大潮流之中，做时代的弄潮儿，方能彰显自我的价值，实现生命的永恒。

进一步讲，我们不仅要有志气，还要敢争气。倘说"有志气"是抱定人生的方向，"要争气"则是迈开坚定的步伐。于个人的得失，"君子无所争"；于国家的盛衰，青年人一定要勇敢去争。上个世纪，郑大章、朱光亚这些先贤，其争在科学；梁思成、樊锦诗这些前辈，其争在文化。更有千千万万的革命志士，把年轻的热血无畏抛洒，其争在民族的解放、人民的自由。从改革开放直至今日，又有多少青年人，为民族品牌而争，为国家的高精尖技术而争。无论古今，无论领域，其争也大哉，其争也壮哉！此亦无他，诚如梁启超所说："故今日之责任，不在他人，而全在我少年。"

文天祥诗云："天地有正气，杂然赋流形。下则为河岳，上则为日星。"天无气不行，人无气不立。孟子曰："我善养吾浩然之气。"今日之青年，首先要养其志气。必先有志气，然后去争气。有志气，才有方向，其所争，才不至于固陋；敢争气，才有动力，其所志，才不至于空疏。志气是胸怀，争气是步伐。胸怀高远，步伐坚定，此气浩荡充盈，充塞天地，谁能与之争锋？

我辈青年人当有大格局，要有志气，不要丧气；要去争气，不要泄气。诚然，今日之时代，物质财富既丰沛，信息传播又繁杂，既易使人玩物而丧志，又易教人焦虑而纷争。立错了志，争歪了气，多少大好青年从此沦落，令人惋惜。人生难再少，盛年不重来，青年人岂不警惕乎？

勉之勉之！愿青年人，抱定鸿鹄志气，去争乾坤大气。

5. 构思解析

读罢材料，我首先想到的是孙中山先生的一句名言：青年"要立志做大事，不要立志做大官"。以百年前孙先生的名言与百年后钟南山的话相呼应，由历史到当下，凸显了话题的厚重感和永恒性。如前文解题所说，我们要把握住材料的一个宏观导向，即思考立什么志、争什么气。大方向要把握好，立意立得准，再来展开细节的讨论。所以首段的观点，特地强调了国家、民族。

第二段先对"志气"加以解说。其实，很多同学未必会留心，把"志气"等同于"志"。其实，"志气"和"志"还是有所不同的。加了一个"气"字，不仅强调这个"志向"，还强调追求"志向"的勇气、毅力。概念界定之后，再来论"志气"的价值。这一段举古代的陈仲举、范仲淹的名言事迹，来论述青年人为什么要以天下国家为志。这一段先摆例子后说理，从人生价值的角度论证"志气"的意义。

第三段先安排一句过渡句："我们不仅要有志气，还要敢争气。倘说'有志气'是抱定人生的方向，'要争气'则是迈开坚定的步伐。"这句过渡非常重要。因为它点出了"志气"和"争气"的关系。倘若没有这句话，本段上来就开始论"争气"，则两段割裂，各说各理，关系就没有呈现出来。这一段多例并举，从过去科学、文化、真理、自由之争，到现在品牌、高精尖技术之争，重在铺排，加强气势。因为"争气"这个道理并不深，那么我们写作时就可以在文笔上花一点心思。

这篇文章最关键的部分就是第四段了。作为关系类作文，我在上文分说志气、争气显然是不够的。尽管在第三段有一句过渡，点明了二者的关系，但我们还可以继续加强。所以在第四段，通过一系列整齐的句子集中论述二者的关系。就好比一个口袋，把前文两段扎扎实实装进去了，这就叫作收束。

在这一段中，文章还特地强调了一个"气"字。如上文所说，"志气"不等于"志"，"争气"不等于"争"。一个人有志，不全等于有志气。一个人能争，也不全代表着能争气。一个"气"，强调的是一种精神气，一种意志。当年海淀区模拟考范文出来以后，我发现虽然一类文质量很高，但是能顾及"气"字的文章却很少。我想，"气"虽然不是本文的一个主要元素，但是题面中既然有此一字，我们就不应在行文中遗漏。何况，这个"气"字真的是有话可谈、有意可立呢！

文章最后两段，略微联系现实，指出当下有"立错了志，争歪了气"的问题，限于篇幅，不再多论。考场文章，我们一定要考虑篇幅问题。在千百字左右的空间内，一定要确定好此次行文的详略，不要面面俱到，面面俱平。

结尾句以"鸿鹄""乾坤"之形象化表达，呼应开头的"国家""民族"的概括性表达，立意一致，但表达形式上有所变化，如此再次申明了中心，又不至于有机械重复之感。

6. 强化练习

> 人能走多远？这话不是要问两脚，而是要问志向；人能攀多高？这话不是要问双手，而是要问意志。
>
> 这段话引发了你怎样的联想和思考？请联系现实生活，自选角度，自拟题目，写一篇议论文。
>
> 要求：观点明确，论据充实，论证合理；语言流畅，书写清晰。

二、互补关系升格

1. 典型例题

> 有人说一个人的成长需要以规矩为边界；也有人说，顺着人的天性发展，人才能成长得更健康。
>
> 请以"规矩与天性"为题目，写一篇议论文。

2. 题型概说

本篇仍然来谈关系类作文中的互补关系。首先请看一篇"古早"高考满分作文。

说"安"

2005年北京高考一考生

"安"与"不安"皆能展现生命，提升价值。人们的选择各有不同，只是性格使然。说到"安"，难免让人想到安逸。安闲舒适，是一种稳定，一种风度，亦是一种平和的心态。

中国古代学者是颇推崇"安"的，那是隐士的行为，是智者的象征。被流放到黄州的苏子，尽管无奈地承受了文场官场一同泼来的污水，却仍然保持了安逸的风度，保持了平和的心态。在黄州，他淡然地笑着，忍受了诬陷，超脱了贬谪，参透了人生。我们听到的是泛舟赤壁的歌声，看到的是雨中穿行的从容。他的"安"是一种高贵的品性，是不理会世间的喧嚣而独享其静，是不急于争辩是非而独善其身，是不急不躁地做自己的事情。

这些都是苏子告诉我们的。他用他纯净的笔蘸上心灵的激情，写出优美的文字，震撼了中国文坛将近一千年；他用他心灵中的安逸感动了后来的人，并将成为智者的精神升华开去。因为"安"，苏轼成为历史上一位纯真潇洒的诗人。

"安"是智者的象征。

另一位让人不能忘怀的是亚平宁半岛鲜花广场上的布鲁诺。想当年，他年纪轻轻就发现了诸多科学定律，备受人们推崇。他的生活本应安稳地持续下去，直至在天文问题上，他毅然决然地选择了"不安"。本来，在教会强大的压力之下，在激愤无知的市民面前，他若选择安全，选择平和，选择保守"日心说"的秘密，完全可以像平常人一样清静地度过一生。但他深知，在大是大非面前怎能贪图一个"安"字，在科学家的良心面前怎能贪图一个"安"字！他义无反顾地公开宣讲"日心说"，无情否定了教会推崇的"地心说"。直到被拉上法庭审问，他仍然在说"此刻地球还在旋转"；直到被绑在火刑架上他仍然叫喊着深信不疑的伟大真理。"不安"是敢于反抗极权，敢于宣扬真理，敢于创造进步，是科学反对愚昧的必然。

这些都是布鲁诺教给我们的。鲜花广场上呼啸的火焰证明了他的勇气，他的"不安"坚定而伟大。而今鲜花广场上布鲁诺的铜像早已竖立起来，他追求真理的精神赢得了世界各国人民的敬仰。

"不安"是勇者的标志。

由此，我们知道了："安"是对内，安于贫困，安于寂寞，安于不被理解；"不安"是对外，不安于落后，不安于守旧，勇于追求和创新。"安"铸就了高贵的人格，"不安"塑成了勇敢的气质。他们共同圆满了人生，体现了人生的价值。

"安"与"不安"皆能创造辉煌。

本文的作者是 2005 届北京一考生，文章出自当年的佳作文选，考生姓名无由得知。总之，是前辈学人。本文的写作可谓惊心动魄。

首先，文章以"说'安'"为题，开篇却拎出来"安与不安"两个概念，把一个概念类作文，转化为关系类作文来写，大大增加了写作的难度。那么，作者是极容易发生一个问题的，就是对立概念的加入挤占了"安"本身的论述空间，并且各打五十大板，立意虚无。

果然，作者先论"安"，总结"'安'是智者的象征"；再论"不安"，总结"'不安'是勇者的标志"。不出意外的情况下，下面的一段是要强调"二者相辅相成，缺一不可"，将二者简单做一个整合收束。那么如此一来，一篇平庸之作也就诞生了。

然而，作者在倒数第二段以惊人之笔力挽狂澜，把"安"和"不安"统一了起来。一者是对内，一者是对外；一者铸就人格，一者塑造气质——二者共同圆满，共同成就！多么漂亮的逻辑！多么强悍的表达！编筐窝篓，全在收口。收不住，满盘皆死；收得住，满盘皆活。

这篇作文是 2005 年的，距今已 20 年，从今天的议论文的评分标准来看，其说理是略显粗糙的，不过当年的考试是不限文体。直至今天，它仍能给我们以启发。讨论互补关系，我们明白两个概念都很重要，要统一起来。而我们的主要问题，就是说不清楚两个概念到底怎么统一，在何种层面上统一。那么我们从上位的"层面"来为概念找到归宿（比如"内外"），去清晰地表述这个"层面"，就显得非常重要了。

3. 解题点拨

"规矩与天性"是北京某区模拟题。不少同学面对此题，感到无话可说，或者没有新鲜话可说。看到此题，我们自然能想到"要用规矩来约束天性，但是又不能约束过了头"，然后再难以拓展思维，写出别的内容。

我想，当我们想到"要用规矩来约束天性"时，切勿止步于此。我们不妨打开思路。比如，天性中哪些部分是要约束的？譬如说逐利、懒惰、自私这些消极倾向当然要用规矩来约束，那么诸如仁义礼智信等积极的内容需不需要规矩的约束？

孔子说："恭而无礼则劳，慎而无礼则葸，勇而无礼则乱，直而无礼则绞。"可见天性中的美好，也要靠礼这个规矩来约束的，否则就会过犹不及。倘若再追问，规矩一定是"约束"天性么？比如我们在学校里要穿校服，这是一个规矩，但这个规矩的意义，似乎也不全是"约束"我们爱美的天性，它的初衷，一来是要培养我们的集体归属感，二来是要养成我们朴素的生活作风。那么，规矩之于天性，就还有积极的引导的作用。

其实，当我们对概念有多角度的追问，思路就容易打开。进而我们就能在行文中设计更为丰富的层次，不止停留在"要用规矩来约束天性，但是又不能约束过了头"这种粗浅的论述中了。同理，"不能约束过了头",也就是要谈到"顺着人的天性发展"有何意义。我们不妨多角度去想想,"顺应天性"能给人的成长带来什么。

此题看似只有"规矩"与"天性"两个概念,实则还有一个更上位的概念,那就是"成长"。"成长"是此题的落脚点。也就是说,我们讨论"规矩"与"天性"的关系,是在"成长"这个大概念的统摄下的。某种程度上来说,此题要论的是"规矩"与"成长"的关系以及"天性"与"成长"的关系,二者在"成长"中分别起到了怎样的作用。

4. 示范启发

规矩与天性

东海钓叟

俗话说:"不以规矩,不成方圆。"工程营造,无规矩则不能立尺寸之木;人生成长,无规矩亦不能立区区一身。规矩就像成长列车的铁轨,引导着人生驶向远方。但这列车的奔驰,其本源乃是靠着自身的动力——天性。因此,人生的健康成长,既需要规矩的引导,也需要天性的舒展,二者不可偏废。

那么,何为规矩呢?在我看来,它是为人处世的准则。孔子说,君子要"约之以礼"。规矩作用于天性,首先在一个"约"字。天性须得一定的约束,人方能言行得体,处世自在。所谓"入境问禁,入国问俗,入门问讳",正是说我们为人处世要学会按照规矩来,不能任性而为。规矩,是社会约定俗成的公共契约,是人与人交往中言行举止的"最大公约数"。不知规矩,使我们在生活中手足无措、百事碰壁,更不用提安身立命、人生成长。

规矩之于天性，不仅在于"约"，更在一个"导"字。通过规矩对天性的引导，来养成美好的人格。荀子认为人性有贪婪、怠惰、自私诸种恶端，唯有懂了规矩礼法，方能"日参省乎己"，在对比参照中认识自性的不足。进而用外在的规矩来修正天性中趋恶的倾向，最后"化性起伪"，改良本性，成为克勤克俭、明理知义的君子，实现真正的德性的成长。

不过，窃以为，人之为人最可贵处，乃是心间的一点灵性。譬如蜂蚁的王国，规矩不可谓不森严。所谓"天性"，不仅有种种恶端，更有种种善端。孟子说人有"四端"：恻隐、羞恶、辞让、是非。此四端，是人性中善的根苗，假以时日，必油然而生，沛然而长。其实，人性中可贵之处，又何止四端呢？请看吧，儿童那好奇之性，少年那无畏之性，青年人那进取之性，哪个不是人生成长的原动力？天性之美，正可谓："红日初升，其道大光。河出伏流，一泻汪洋。"倘若一味用规矩来压制天性，使他老气横秋，保守畏葸，这不是成长，而是早衰。

何况，古往今来的规矩不少，高举规矩之教鞭的道学先生更是满目皆是，然而规矩何曾真能扼杀天性？"野火烧不尽，春风吹又生。"在人生的成长中，三味书屋的戒尺，恐吓不得偷偷描绣像的少年；枯燥的道德训诫，永远不及百草园的一虫一草。

因此，如果说规矩是成长的"法"，那么顺应天性就是成长的"道"。有法，才知道举手投足的分寸；有道，才有了阔步前行的动力。没有规矩，恐怕走得偏；但是束缚了天性，恐怕寸步难行。因而，在人生的成长中，要把规矩的恪守与天性的舒展融合起来，正如孔子说的"从心所欲不逾矩"，才是最佳的境界。然而，我们今天的某些教育工作者，或高举所谓传统教育的大旗，在《弟子规》之类的老古董上做些胶柱鼓瑟、老调重弹的工夫；或杜撰西方的自由式课堂，把规矩说得一文不值。正是中道难行！

因此，无论是学生还是老师，今天面对成长这个话题，我们很有必要做些正本清源的工作。厘清规矩与天性的关系，以使人生的列车稳健有力地驶向远方。

5. 构思解析

规和矩，本是两种工具，没有规，则不能画圆；没有矩，则不能画方。后来引申出抽象的含义。本文从"规矩"的本义切入，由工匠的"规矩"，说到人生的"规矩"。又打了火车轨道的比方，形象地呈现"规矩"和"天性"的关联。由此引出观点。

文章第二、三两段，都是讨论"规矩"的价值。先论"约"，再论"导"。很多同学在考场中只能想到约束。约束是一种消极力量，我们转换思维去想一想，它有没有积极的一面呢？由此想到了引导。凡事从两面去看，总会得到些不一样的启发。另外，我们还要注意表达的提炼。请看，倘若第二、三段的分论点是这样呈现的：

天性须得一定的约束，人方能言行得体，处世自在。

通过规矩对天性的引导，来养成美好的人格。

当然也是清晰的，但是却不够醒目。本文将其提炼为"规矩之于天性，不仅在于'约'，更在一个'导'字"，则更加醒目，更来精神，不至于给人松松垮垮的感觉。毛泽东的名篇《反对党八股》一文，就是善于提炼的代表作：

空话连篇，言之无物。

装腔作势，借以吓人。

无的放矢，不看对象。

语言无味，像个瘪三。

甲乙丙丁，开中药铺。

不负责任，到处害人。

流毒全党，妨害革命。

传播出去，祸国殃民。

全文对"党八股"的"罪状"逐层分析批驳，每一层的首句都有精炼的八字概括，起到了提纲挈领、警醒耳目的效果。

第四、五段，返回头来说"天性"之于成长的重要性。又分为两层，先论"规矩"不应来压制天性；再进一步，论"规矩"其实并不能扼杀天性。从主观的不应到客观的不能，这里有一个递进的层次。

这样一来，文章的主体部分就有两大层，四个小层次，相对于"志气与争气"的层次设计要更为饱满些。因此，这类互补关系的作文，也不是只能写两层。

文章的倒数第二段，承担了两个任务。首先是将"规矩"和"天性"收束统一起来。如前文所说，两个概念的统一，难就难在"于何种层面上统一"。这里提出了"道"与"法"，并且特地强调了是"成长的道""成长的法"。"道"和"法"是一对中国哲学中的传统概念，"道"是根本、是目的，"法"是规则、是策略。"道"与"法"点出来，就从上位把"规矩"与"天性"统一起来了。其次是联系了相关的现实问题，这里分别举出过于强调"规矩"和过于强调"天性"两种事例，对应前文两个部分的观点。我们联系现实，务必要注意与前文相照应。

最后，明确话题的落点——成长，呼应首段的比喻，完结全篇。

6. 强化练习

请以"仰望星空与脚踏实地"作为题目，写一篇不少于800字的文章。除诗歌外，文体不限。

三、相互转化的关系

1. 典型例题

> 在人生的事业、国家的发展之中，我们总会遇到大大小小的困局。然而困局未必使我们走向穷途末路，也许会使我们走向新局。中华文明五千年的历史，可以说正是不断走出困局、走向新局的历史。
>
> 请以"困局与新局"为题，写一篇议论文，不少于800字。

2. 题型概说

前两篇作文我们了解了互补性关系，而"困局与新局"显然不是这样一种关系，这两者是一种相互转化的关系。困局会转化为新局，而新局也有可能转化为困局。写作中，我们需要明确以下几点问题。

（1）明确二者的转化形式。

首先要明确两个概念 A 和 B 是怎样转化的。是由 A 到 B 的单向转化呢，还是 A、B 之间存在着互相转化的可能？比如有名的"熵增定律"，它揭示了宇宙演化的终极规律，即系统在没有外力干预的情况下，永远从有序向无序发展。这就是一种单向度的转化。而本题中"困局"和"新局"，则可以相互转化。因此，在判断概念之间的关系时，一定要具体问题具体分析。

（2）追问二者转化的原因。

我们可能通过举例子、摆现象明确了二者之间的转化，这还不够。我们还要往深一步讨论，为什么二者会发生转化？是某一种外力使之转化，还是一种内在的规律使其必然发生转化？

（3）思考二者转化的意义。

再进一步，我们就要思考二者的转化会产生积极的影响还是消极的影响，具体的影响是什么。我们当然要努力推动具有正面效应的转化，阻止具有负面效应的转化。我们还可以简单谈谈相关的对策。

3. 解题点拨

"困局""新局"，都是一种"局"。何为"局"，即一种局面、一种境况。应该说，这个概念还是比较宽泛的，比较容易取材，不易跑题。比如，王安石变法前夕，北宋政府积贫积弱，这是一种"困局"；苏轼因乌台诗案，被贬黄州，这也是一种"困局"；而王阳明呢，在"格竹子"的过程中陷入迷惑痛苦，这还是"困局"——心灵的困局。"局"是存在于多个维度的。我们写作前不妨先简单列一列相关的事例，找一找灵感。

"困局"不等于"死局"，倘若深入分析一些"困局"产生的原因，我们就会发现，事物发展陷入"困局"，未必是事物本身腐朽到不可收拾。"困局"的产生，或是内部问题的积累，或是外部环境的压力，当然还有可能是我们认识的迟滞。"困局"转化为"新局"，自然是需要强大的外力的，或是先进的技术手段，或是强大的英雄伟人。不过，"困局"不仅可以被外力转化为"新局"，而且"困局"本身蕴含着这样一种转化的资源或者力量。也就是说，"困局"往往具备转化为"新局"的潜质。倘若从更积极的角度来看，所谓不破不立，"困局"可能还为"新局"的产生创造机会。

所以，是否能够将"困局"转化为"新局"，首先要看我们如何去理解"困局"，其次才是看我们如何应对"困局"。因此，此题的关键点，在于对"困局"的认识。

材料中特别提到，"中华文明五千年的历史，可以说正是不断走出困局、走向新局的历史"。可见，写作此题的格局不宜太小。最好能够在中华文化、中国历史的层面来对此问题予以探讨。想一想，我们中国的历史，曾经遭遇哪些"困局"？这些"困局"的原因如何提炼？我们又是怎样走出一个个"困局"，开创一个个"新局"的？

当我们把思维集中于"困局"向"新局"的转化，也不要忘了另一种可能性。材料的第一句话："我们总会遇到大大小小的困局。"在人生中，总有大大小小的"困局"，国家乃至人类社会皆是如此。"困局"当然不是我们所希望的，但"困局"却具有普遍性和永恒性。所以说，我们不要简单地只考虑到要改变"困局"、要创造"新局"。我们不妨追问，我们创造了"新局"，难道就能一劳永逸永无"困局"么？当然不是！改变"困局"，创造"新局"。"新局"之后，依旧会产生新的"困局"——这是事物的发展规律。

倘若我们消极来看，既然"新局"必然转化为"困局"，那么我们突破"困局"开拓"新局"还有什么意义？其实，历史的发展是螺旋上升的，"困局"与"新局"的矛盾是永远存在的。我们要看到，在这看似的循环往复中，人类得到了发展，社会实现了进步。新的"困局"或许是更为复杂的"困局"，但是新的"新局"一定是更高水平的"新局"。

4. 示范启发

困局与新局

东海钓叟

正如陆放翁诗云"山重水复疑无路，柳暗花明又一村"，生活中常常遇到看似无路可走的困局，却未必没有迎来新局的希望。新局如同星火，总在黑夜深处，待人追寻，最终来照亮前路，大放光明。因此，困局不是死局，当我们遭遇困局，一定要有开辟新局的勇气。

我们应先明确一点，即困局的产生是必然的——或因旧制度、旧文化不能适应新形势，或因旧方法、旧思维不能解决新问题。一言以蔽之，困局的根源在于一个"旧"字，而破解困局的关键则在一个"变"字。倘若不知时变，则困局愈困，以至于满盘皆死；若能勇于变革，或可困中求活，甚至开创新局。

因此，求事业之发展者，无不怀一种"周虽旧邦，其命维新"的格局和勇气，敢于打破困局，勇开新局，使僵死的事业发展出一种全新的境界。譬如韩愈，面临骈文浮华、言之无物的文化困局，力倡古文，以秦汉之文的雄健之风，横扫文坛，开创了唐宋以降散文繁荣的新局；又如新文化运动中鲁迅诸君，用清新的白话取代古奥的文言，用民主科学的新思想抨击吃人的礼教，使近代的中国文化以及中国人的精神世界由困而新。

纵观我国历史，每当时局困顿，总有仁人志士挺身而出，高举旗帜，引领一代破旧立新的风气，这正是中华文明源远流长、至今不衰的重要原因。不过，换个角度来看，困局与新局也并非截然对立。

我们发现，困局中常常孕育新局，困局往往能一"化"而为新局。改革开放初期，我国经济的飞速发展正是能够化人口压力的困局为劳动力红利的新局，变不利为有利，变沉重负担为宝贵资源；近几年，国家又在脱贫攻坚、城镇老旧小区改造等诸多问题中创造新的社会发展点和经济增长点，在民生改善中发现发展的新机，不也是变困局为新局么？因此，面对困局，我们还应多一点智慧，努力去发现困局中蕴含的机会，因势利导，转困为新。

不过，我们千万不要以为开创了新局就可以一劳永逸，长盛不衰。须知，困局能转化为新局，新局也能转化为困局。比如周公制礼作乐，传至春秋战国时代，其礼崩，其乐坏；宋太祖防五代军人跋扈之弊，强干弱枝，不到百年，竟至积贫积弱的局面。我们不能否认那些"祖宗之法"创生之初的合理性、先进性，然而天下没有万世不变的形势，一种制度、一种事物或者一种观念不能因时变革，与时偕行，就会僵化板滞，陷入难以运转的困局。

倘若以超拔的视角来看，人类历史的发展，正是在困局与新局的交替中得以实现。困局之后是新局，新局之后又是困局，而新的困局又一定会被破局，迎来更新的新局——这就是困局与新局的辩证法。那么，要困局不困，新局常新，就需要我们不断地解放思想，勇往直前。

"行到水穷处，坐看云起时。"我们永远不要畏惧山重水复，乃至于貌似山穷水尽的困局，须知走出困局、转化困局的关键，全在于我们的智慧与努力。

5. 构思解析

本文的中心论点是"困局不是死局，当我们遭遇困局，一定要有开辟新局的勇气"。首段的几处遣词造句是与之呼应的。"生活中常常遇到看似无路可走的困局"，这里的"看似"二字便是暗示"困局"并非真的无路可走、不可转变，关键在于人的主观能动性。"新局如同星火，总在黑夜深处，待人追寻"，这一句强调"新局"不是没有，只是藏着，被什么遮挡，我们难以发觉。

第二、三两段首先顺承题意，从"困局"的必然性说起，分析"困局"的成因。正因为"困局"的成因在于旧的不能适应新的，所以"困局"转化为"新局"的关键在于人是否有求新求变的精神。于是接下来就以韩愈、鲁迅古今两位文坛变革的领袖来论证这一番道理。此题在举例中，务必要落实是什么"困局"、如何求变、迎来什么"新局"。

第四段是一个过渡段，先简要总结敢于求变的仁人志士于中华文明发展的重要意义，这也是为了呼应材料中那句"中华文明五千年的历史，可以说正是不断走出困局、走向新局的历史"。接着话题一转，引出"困局"和"新局"的联系。

第五段着重论述如何"化困局为新局"。注意，"化"不等于"变"。"化"不是如古文运动、白话文改革那样，把旧的"困局"一扫而去，改天换地，另作新篇。"化"是将计就计，巧妙运用"困局"中某些要素，妙手点化，使其从不利转化为有利。譬如举例中从"人口负担"向"人口红利"的转化，就是此类。这一段与上一段，存在着一个递进的关系。

下一段转换方向，谈谈"新局"向"困局"的转化。我们无法阻止这种转化，但是我们可以为此做好积极的应对。

那么再进一步，就联想到了历史的辩证法，人类社会正是在"困局"与"新局"的交错发生之中不断进步的，而"要困局不困，新局常新，就需要我们不断地解放思想，勇往直前"。这就使文章上了一层高度。

文章的最后再次以一句富有哲理的唐诗结尾，与首段呼应，继而重申文章的主旨。

6. 强化练习

> 一个群体中，常有引领者，也会有追随者。有的人勇于做引领者，有的人只愿做追随者；有的人曾经是追随者，而最终成为引领者；有的人貌似是引领者，其实不过是追随者……

以上材料引发了你怎样的联想和思考？请以"引领者和追随者"为题，写一篇议论文。

要求：思想健康，内容充实，语言流畅，书写清晰。

四、相互作用的关系

1. 典型例题

2022年立春，40多个来自太行山革命老区河北保定阜平县城南庄镇的孩子，站在北京鸟巢体育场宏大的舞台上，在举世瞩目下用希腊语共同唱出了天籁般的《奥林匹克圣歌》。几年前，他们还站在偏远的山村里，不知歌唱为何物。直到有一天，一位曾站立在大城市讲台上的老师站到这个小山村里，教他们发出第一个乐音。直到有一天，几位站立在北京冬奥组委会选拔台上的叔叔阿姨也站到这个小山村里，向他们伸出双手。于是，这些原本站在大山深处的孩子站立在祖国首都，站立在全世界面前。

无论何时，无论何人，无论何事，都要面对置身何处、价值几何等问题。请以"你和你站立的地方"为题，自主立意，写一篇议论文或记叙文。

要求：思想健康，内容充实，语言流畅，书写清晰，不少于700字。

2. 题型概说

"你"和"地方"是一对相互作用的关系，这与前面所说的"志气与争气""规矩与天性""困局与新局"都截然不同。"你"和"地方"并非同一属性的对举概念。这一类的关系，比如"读书与成长"

"自制力与个人发展""学以成人""生逢其时",其实质是一个概念对另一个概念发生作用,或者二者相互作用,或塑造、或助力、或约束、或成就……我们也可以形象地说,就是概念之间存在着一种"力"。

写作这类作文,我们首先需要判断,概念之间的"力"是单向的还是双向的。

单向的关系,比如"学以成人",这里的"以"表示顺承关系,是"学"对"成人"产生促进、推动的作用,而非"成人"对"学"产生作用。那么我们讨论的时候,就应该顺着这个方向,不一定非要一正一反搞所谓的辩证。

这时,写作的关键就在于找到"展开点"。"学以成人"这个题目,我们可以把"成人"这个含糊的概念展开,分层予以讨论。什么叫作"成人"呢?它存在一个"知识增长—思维成熟—修养提高—道德提升—境界养成"的递进层次,那么我们最简单的写作方法,就是从中选取2~3层来分别讨论,比如下面的设计:

> 学习使我们成为见识丰富之人。
> 学习使我们成为修养深厚之人。
> 学习使我们成为智慧通达之人。

比如"行以致远"这个题目,我们可以就"行为什么能致远"展开。下面这位同学的构思,便着眼于"行"与"致远"之间的作用过程:

> 行,能够塑造我们脚踏实地的实干精神。
> 行,能让我们通过实现一个个小目标进而实现大目标。

还有的概念之间存在双向的作用关系,比如此题"你和你站立的地方",我们应该从辩证的角度出发,先去思考"你"对"你站立的地方"有何作用，再来思考"你站立的地方"对"你"有何作用。当然，这并不意味着作文论述部分只能写两段，因为这里的"作用"未必只有一层，我们仍然可以按照上面的思路，对某一层"作用"予以展开，把文章的论述段增加到3～4段，使得文章的层次更丰富，论述更饱满。

3. 解题点拨

此题动笔之前，应先分析材料。材料中存在多重的"你和你站立的地方"：

孩子们和保定城南庄，孩子们和鸟巢冬奥会舞台。
老师和城里的讲台，老师和小山村。
评委和冬奥组委会选拔台，评委和小山村。

由此首先可以明确"地方"的内涵，它既可以是实实在在的山村、城市、舞台，也可以是抽象意义的岗位、职业。我们在举例时，可以打开思路，实的"地方"、虚的"地方"都可以谈。

接下来，我们来分析这几组人和地方对文章立意的启发。

从"孩子们"这里，我们首先可以看到"地方"对人的制约与成就。当孩子们处于山村之中，"不知歌唱为何物"；而站在鸟巢的舞台上，却可以为全世界而歌唱。其次，我们看到了"地方"的变化。也就是说，"地方"固然制约人，人也可以通过主观的努力去改变"地方"，或者更换"地方"。这样就得到了一组辩证关系。

"老师"这里生发了另一个问题：怎样的地方才最有利于实现个人的价值？一位音乐老师，倘若在大城市，他或是教学能手，或是业界名师，亦不过是芸芸教职人员中的一个。然而一旦到了山村的讲台，他的一堂课、一句话或可改变一个孩子的一生。到最需要"你"

的地方去，这地方未必就是大城市、大舞台。

再来看"评委"，作为在位者，他们积极作为，发现了城南庄的孩子们，为他们提供了舞台。所谓在其位谋其政，这使我们想到了"地方"赋予人的职责与使命，人是需要对"地方"有所肩负、有所承担的。

此外，还请大家注意引导语中"置身何处、价值几何"八个字，也就是本题最终的落脚点，还是在人生价值上。我们探讨"你"和"地方"的关系，根本的指向是如何实现、提升人生的价值。

因此，不要无视材料，也不要把材料作为一种负担。认真分析材料，我们总能得到引导和启发。写作此题，就不妨基于以上的分析来行文。

4. 示范启发

你和你站立的地方

东海钓叟

谈及"站立"，不得不说到"立"之字形。篆书"立"，上面是张开双臂昂首站立的人，下面一横则是其站立之地。人生于世，无不有所立之地。这"地方"，或为安身的家园与土地，或为立命的职业与地位。在我看来，"地方"是人站立的依托，芸芸众生无不各处其"地"，创造其独特的价值。

俗话讲，一方水土养育一方人。一个地方，总能为生于斯长于斯的人打上独特的烙印，使之具有独特的气质。譬如北方的旷野促成北方人的豪爽，南方的秀美养育南方人的细腻。见之于文学，正是湘西的青山绿水与质朴的民风赋予了沈从文灵动轻盈的笔触，才有了那个童话般干净澄澈的《边城》世界。而八百里秦川的广袤与壮阔，则使陈忠实的笔下总是弥漫着如老腔一般粗犷厚重的气韵。地方，给予人的是一种"深深深几许"的底色，使人如此思考，如此言说，可谓"入人也深"，润物无声。

进一步说，我们所站立的"地方"，不只是一块土地，更是我们在社会中的位置。孔子云"三十而立"，正是说君子三十岁要在社会中有立身的"地方"。"地方"为我们提供了施展自我的舞台，它为人的成长与发展提供了相应的机缘、资源与助力，使处得其所的人有如"登高而招""顺风而呼"。正如奥运的舞台，为城南庄孩子们的歌声插上翅膀，使他们唱响寰宇。揆诸历史，倘使诸葛亮没有从南阳的垄亩走进蜀汉的朝堂，哪里有三分天下、六出祁山的运筹帷幄？倘使王安石没有从鄞县县令的职位上逐步被拔擢至参知政事，又哪里有轰轰烈烈名垂青史的变法？

我们常常追求更高更大的发展平台，正是因为认识到了"地方"对人的助力与成就。不过，这并不意味着我们一定要站在大的地方、高的地方、好的地方才能有所作为。黄州、惠州、儋州，皆是荒僻之所。苏轼被贬于此，人生不仅没有黯淡，反而迸发出耀眼的光芒，他甚至以一己之力使谪居之地成为千百年来的文化坐标。换个角度来看，当大城市的老师站在山村的讲台，他的一堂好课、一句警言，其价值便绝不限于大城市课堂上的启发思维、解答困惑，而是足以点亮学子的人生，改变孩子的命运。可知，小地方也可成为我们人生的大舞台，使我们的人生焕发别样的光彩。

因此，在任何地方，我们都有成就自我的可能。人生的价值，绝不遵从"地理决定论"。它取决于我们如何理解人与位的关系，以何种态度面对自己的人生，面对自己所处的地方。消沉的人总是感慨生不得其所，怀才而不遇，人生难觅称心的所在；积极而乐观的人，却总看到天高地广，海阔天空，人生在世，大有可为。

现在，请让我们再次来看这个"立"字，人人都有底下那一横的站位，而真正决定我们人生之价值的，却是立于其上的姿态——是否昂首挺胸，勇敢站立。

5. 构思解析

因为题目中有一"立"字，所以本文从"立"的字形出发，引出人和"地方"的关系，点出"地方"对人的积极意义。

文章首段简单阐释了"地方"的两层内涵，接着在第二、三两段，就此展开论述。先论实实在在的"地方"——"一方水土养育一方人"；再论抽象意义的"地方"——社会位置对人的成就作用。请大家注意这两段论述中举例和说理的落实。

在第二段，强调"地方"对人气质的熏陶、养成。所举的例子：北方人与南方人，沈从文与陈忠实，人物气质如何、作品风格如何，均有具体落实。很多同学在作文中也会举一些具有地域色彩的作家，但论述中往往以"成功"模糊言之，"地方"到底如何成就一位作家，如何影响一方人物，没有说清道明。同理，在第三段中举诸葛亮、王安石，同样点明了他们的官职、岗位，落实了"地方"。

在第三段中，不止点出了地方"为我们提供了施展自我的舞台"，进而又分析了"地方"到底如何提供舞台——"为人的成长与发展提供了相应的机缘、资源与助力，使处得其所的人有如'登高而招''顺风而呼'"。这就有所说理。因此，一句分论点提出来，不要着急举例印证，要把观点中笼统处、上位处解说到位。

第四段过渡句一转，谈到世俗认知的"不利的地方"对人的价值，开启辩证的探讨。一方面联系材料，一方面援引苏轼的例子。顺着下来到第五段,将"在任何地方,我们都有成就自我的可能"点出来,强调人对"地方"的主观能动性,对第二、三段所论内容实现一个辩证思考。

文章的结尾段,再次回到"立"字之中。开头谈"立"字,强调"地方"的重要性;此处谈"立"字,强调人的重要性。以一个字形的解析,彰显文章的认知脉络。前后呼应,升华主题。因此,写作文要有"咬文嚼字"的意识和功夫,我们不妨有一些文字知识的储备,如此常常能对平淡无奇的字有别具一格的分析。

6. 强化练习

外卖小哥雷海为在工作之余诵读古诗,凭着惊人的诗词储备获得第三季《中国诗词大会》冠军,他家中的墙上贴满了自己喜欢的古诗词名作;"是光诗歌"是一个教育公益组织,他们通过诗歌创作教育帮助大山里的孩子表达情感,成为热爱生活的未来乡村建设者;今年,在某短视频平台上,古诗词相关视频播放量激增,达到178亿次,唐代诗人李白成为"顶流"。

以上材料引发了你怎样的联想与思考?请围绕"诗与生活"这一话题,自定立意,自拟题目,写一篇议论文。

要求:观点明确,条理清楚,内容充实,书写清晰。不少于700字。

五、侧重一方的立意

1. 典型例题

在生活中,"自己动手,丰衣足食"是自立的一种表现;"君子生非异也,善假于物也",是借力的一种表现。有人说:能自立者,敢于搏击生活；也有人说：善借力者，可以事半功倍。

以上材料关于"自立"与"借力"的说法引发你怎样的思考？请自选角度，写一篇议论文。

要求：论点明确，论据充实，论证合理；语言流畅，书写清晰。不少于 700 字。

2. 题型概说

很多同学在写作关系类作文的时候，为了求稳求对，往往在两个概念上平均用力。从立意角度来说，喜欢强调两个概念都重要，两个概念要平衡；从布局角度来说，写一段概念 A，写一段概念 B，二者均摊，一碗水端平。

北京市海淀区曾有一道模拟题：

有人说："想要走得快，就单独上路；想要走得远，就结伴同行。"这引发了你怎样的感悟与思考？请据此写一篇作文。

不少同学的写法就是，先写一段"想要走得快，就单独上路"，再写一段"想要走得远，就结伴同行"，最后收尾的时候，说一下"单独上路"和"结伴同行"都很重要。在"单独上路"和"结伴同行"两个概念上均匀发力，各投一票。这样写当然稳妥没有闪失，但是也没有个性可言，泯然众人。其实，我们完全可以认为"单独上路"或者"结伴同行"更重要一些。比如可以这样立意："单独上路，才能走得远。"这样文章的论述角度更集中，也更容易出彩。

回到本题，我们注意到，材料中两个"有人说"，一者强调"自立"的价值，一者强调"借力"的意义，题干提供了两种观点，那么我们更认同哪一种呢？换句话说，我们觉得"自立"更重要还是"借力"更重要呢？此外，本题并非命题作文，"关于'自立'与'借力'的说法引发你怎样的思考"的表述，和"请以'自立与借力'为题写一篇作文"是不一样的，前者显然更具有自由度。因此，此题我们不妨尝试侧重一方的立意，即论述"自立"或"借力"其中一者在某种前提下的独特意义。

为什么一定要说"某种前提下"呢？因为倘若没有特殊的情境，其实并列的两个概念当然是都重要的。谁也不会认为人只需要"自立"或者只需要"借力"。不过，在某种背景下、某种情形下、某个阶段中，其中一者可能更具有重要性，更处于优先的地位。所以，说清楚"某种前提"，文章才不至于偏颇，才有成立性。

另外，即使我们侧重一方去立意，也不能漏掉另一方的论述。说"自立"不可以通篇不提"借力"，反之亦然。一定要比较着说，两者都论述到，才不算跑题。

3. 解题点拨

从生活常识来说，"自立"与"借力"对个人成长、事业的成就缺一不可。写作中，一般的考生都能注意到这一层。我们写作的要点，就在于如何将自立与借力展开做深入讨论。显然，材料对自立、借力的价值点到为止，"搏击生活""事半功倍"都是笼统言之，正是在引导我们就此展开更细致、更为落实的思考。

我们要追问，"自立"到底有怎样的意义，"借力"又有怎样的效用？要想论得细腻扎实，还要从对概念本身的咬文嚼字入手。

细心的同学可以发现，"自立"与"借力"，一者是"立"，一者是"力"。"自立"，乃是凭自力而立。唯有凭借自己的力量才能有所"立"，他人之力可以借，却不足以"立"。可见，"自立"在二者关系中自然处于更为根本的地位。所以，我们可以说，"自立"是"借力"

的前提。因为一个人唯有自己立得住，才能更好地驾驭、运用、消化外力。反之，或恐为外力所挟制。我们也可以说，"自立"是"借力"的目标，因为外力终究是"借"用一下而已，归根到底我们是为了自己能立得住。

分析"借力"，要看到一个"借"字，说明此力来源于外，这个力起到一个外在助力的作用。"借"来的，终究不是自己的，我们要想办法把这个外力化为自己的。材料里引荀子说的君子"善假于物"，那么我们不妨去想想，怎样的"借力"才是善借？还要注意，文章在谈到"借力"的时候，一定要落实好借了谁的力、什么力，这个"力"，可以做宽泛的理解，比如资源、智慧、时势皆可。

如前文所说，我们写作此题，可以侧重一方来立意。在某些前提下，我们可能更需要强调其中一方的意义。譬如，人生中、事业中遇到了难题，自己力所不能及之时，那就非"借力"不可；对国家而言，关键的科学技术、核心的产业，那就一定要"自立"；倘若当下的某些领域、某些问题，存在着片面强调"自立"或"借力"的弊端，那么我们侧重一方，就有了针砭时弊的意味，这将大大增强文章的针对性。

4. 示范启发

且借东风自在行

东海钓叟

老戏文《借东风》里有一句唱词："谈笑间东风起，百万雄师，烟火飞腾，红透长江。"说的是赤壁之战诸葛亮巧借东风之力，大破曹兵。遥想三国当年，哪一家不是借力的高手？曹操"挟天子以令诸侯"，此乃借天时之力；孙权"以长江限南北"，此乃借地利之力；刘备忠义而爱人，此乃借人和之力。可知人生于世，固然以自立为根本，却不可不知借力的智慧。

夫人者，智常有所不及，力常有所不逮。那么，所谓借力，即借他者的力量、资源与智慧，来弥补自我的不足，助力自身事业的成就。荀子说："假舆马者，非利足也，而致千里。"正如秦本偏僻之国，却凭借东方六国的人才，变法图强，统一天下；汉高祖起于微末，却借张良之运筹、萧何之供给、韩信之攻取，开四百年基业。"好风凭借力，送我上青云。"修德行进学业，此乃一心之事，无关乎他人，或可自树自立；至于齐家治国，建功立业，岂可赤手空拳，振臂一呼？那非得学会借力不可。

当然，徒能借力，没有自我的强大，终究难以立足。不过，当我们自身力有不足时，往往须先借力于外，再化力于内，进而强壮自我，使自我卓然而立。改革开放以来，我们大力引进国外资金，学习西方先进技术，借鉴发达国家的管理理念，弥补了资金短缺、技术短板、观念陈旧的不足。时至今日，中国高铁"复兴号"、中国大飞机"C919"、中国新能源汽车……一系列独立自主的明星品牌已经蔚然大观。可见，善于借力者，往往能将外来的先进技术与理念转化为内生、内驱之力，最终自立于世。

可以说，自立是终极目标，而借力是事半功倍的手段方法。片面地强调自立，则往往无所立；一味地去借力，最终自身乏力。我们应看到自立与借力的统一，不应把二者割裂开来。尤其不可因一种虚妄的自大，一概地排斥借力。古代讲"华夷之辨"，试图将游牧民族排斥于中原文明之外，殊不知中原文明的发展，离不开游牧民族的融合与助力。正如陈寅恪先生谈到唐朝的兴盛，曾经断言："取塞外野蛮精悍之血，注入中原文化颓废之躯，遂能别创空前之世局。"为人为政，人事国事，其鼎盛时往往易陷于自大，进而闭目塞听，不再睁眼向外看，不屑于借他人之力。因而自立之道常寄存于心间，借力之理常忽略于眼前。

由此可知，借力不只是智慧，也是胸襟。善于用力者，首先要不惮于借力，懂得"他山之石，可以攻玉"。

可以说，求木之长者，不仅要固其根本，也要求之于外在的阳光雨露。愿我们能如庄子笔下的大鹏，借扶摇之风，直上九万里的高空。

行文至此，谨以朱熹一首谈借力之妙的小诗来做收束——

  昨夜江边春水生，蒙冲巨舰一毛轻。
  向来枉费推移力，此日中流自在行。

5. 构思解析

谈到"借力"，自然想到了诸葛亮"借东风"。文章以"借东风"拟题，并以三国群英善于"借力"入手，引出中心论点。

本文自然是谈"借力"的重要性。但是在拟中心论点时，本文相当注重表达的分寸。首先，强调了"固然以自立为根本"，先让一步，不否认"自立"的重要价值。其次，只说"借力"是"不可不知"的，并非说"借力才是最重要的"，这就不至于使立论显得偏激。

第二段先点出"智常有所不及，力常有所不逮"这一前提。也就是说，"借力"的重要性是在力所不逮的时候凸显的。在此前提下，我们一定不能忽视"借力"。因此在举例中，特别点出"偏僻之国""起于微末"这两点秦、汉的不利情形，在此先天不足的情况下，正是"借力"使二者走向成功。

下一段论述"借力"与"自立"的转化。很多时候，我们想要

"自立"，不得不先借助、消化外界之力。这一段的意义，不仅把"借力"的价值推进一步，也使得"借力"和"自立"勾连起来，加强对二者关系的讨论。倘若我们通篇孤立地讲"借力"，那就有跑题之嫌。这就是前文所说的，即使我们在立意上侧重一方，也要二者比较、联系地去论。

接下来收束总结，点明二者的统一：一个是目标，一个是手段。然后话题还是转到"借力"上。指出"尤其不可因一种虚妄的自大，一概地排斥借力"。这就是针对历史的经验有感而发了。譬如清朝统治者自诩"天朝上国"，以为"天朝无所不有"，不屑于"借力"、不善于"借力"，终究导致衰败。反之如盛唐时代，则海纳百川，融汇四方，走向强大恢宏。有的时候，不愿"借力"并非不知道"借力"的重要意义，而是缺少学习他人、接纳他人的气度。因此，"借力"不仅仅是智慧，更是胸襟。

最后，文章引朱熹的《观书有感（其二）》。这首诗的意思是艨艟巨舰平时推也推不动，而一旦春来涨潮，水涨船高，借着水势也就自在航行了。这是一首哲理诗，生动而形象，正可以阐释"借力"的价值。

6. 强化练习

> 明清之际一批思想家提出"经世致用"的主张，认为学问必须有益于解决社会问题；李白吟出"天生我材必有用"的千古名句，庄子却说"无用之用，方为大用"；有现代学者认为："读一些无用的书，做一些无用的事，花一些无用的时间，都是为了在一切已知之外，保留一个超越自己的机会。"
>
> 对于"有用"与"无用"，你有怎样的思考？请自定角度，自拟题目，写一篇议论文。
>
> 要求：论点明确，论据充实，论证合理；语言流畅，书写清晰。

六、逐层推进布局法

1. 典型例题

> 俗话说:"人往高处走,水往低处流。"高处有高处的风景,低处有低处的景观。人生有高处与低处,社会亦有高处与低处……人时时都要面对高处与低处。
>
> 请围绕"高处与低处",自拟题目,写一篇不少于 800 字的议论文。

2. 题型概说

本节重点讲解一种逐层推进式的文章布局思路。

在写作关系类作文时,我们常常陷入一种套路中,比如这道"高处与低处",绝大部分同学会这样布局:

(1) 高处会转化为低处/在高处要关注低处。

(2) 低处会转化为高处/在低处要关注高处。

(3) 高处低处互相转化,我们要如何如何。

具体的遣词造句或有不同,论述的水准或有高下,大体的思路不出这个框架。即"A→B"+"B→A"这样的形式。对么?当然对。但我们要问:还有其他的写法么?

其实,为文贵在灵活而有章法。《古文观止》中选编了不少唐宋八大家的散文,倘若细细分析,就会发现篇篇布局各不相同,而一篇之中,先写什么后写什么,层层推进,自有逻辑可循,这就叫作文脉。文无定法,有时候我们可以把思路打开。

这一类层层推进的布局方法,其核心在于中心论点,这是文脉推进的起点。我们必须先提炼清晰而有质量的中心论点,作为展开论述

的基础。且看荀子的《劝学》是如何论证"学不可以已":

第一层:君子博学而日参省乎己,则知明而行无过矣。(为什么要"学")

第二层:吾尝终日而思矣,不如须臾之所学也。(与"思"对比,为什么要"学")

第三层:积善成德,而神明自得,圣心备焉。(为什么"不可以已")

可见,荀子的论证步骤完全是从论点生发出来的,论证"学不可以已",那自然就要先论"为什么要学",再论"为什么不可以已"。我们不妨先提出观点,观察揣摩,试着分2~3个步骤来论证自己的观点。

3. 解题点拨

写作此题,我们要准确理解"高处"和"低处"。倘若从人生的角度来理解,可指成功、失利之境地;倘若从社会的角度来说,可指地位的高低;当然,我们还可以从心灵、精神的角度来说,二者亦可指境界、格调的高低……总之,在正式论述之前,必先界定清楚二者的所指。

同时我们需要留心一个细节,那就是"处"字。我为什么强调"高处""低处"是成功失利之"境地"呢,就是为了落实这个"处"。有的同学在写作中,直接把"高处"等同于"成功",把"低处"等同于"失败",这就是在写"高与低"了。就如同前文所说的"志气与争气",很多同学没有观照到"气",虽不至于跑题,但也不够严谨。

但从关系构建来说,此题的立意方向有很多,比如:

其一,探讨"高处"与"低处"的相互依存。所谓"有无相生,难易相成,长短相形,高下相盈",高与低本是相对而言的,没有"高处"就没有"低处",没有"低处"就没有"高处"。

其二,探讨"高处"与"低处"的相互转化。所谓"物极必反"

"反者道之动"，无论是自然界，还是人类社会，"高处"与"低处"都是可以相互转化的。

其三，我们可以从错落的维度来思考"高处"与"低处"，比如，一个人可能贫困潦倒，处于社会之"低处"，但这并不妨碍他追求精神世界的"高处"，从这个意义上来看，"高处"和"低处"是可以统一并存的。

当然，"高处"和"低处"还有多种构建关系的可能。不过，请注意题干中说："人时时都要面对高处与低处。"由此可知，此题的最终落脚点，是我们要如何面对"高处"与"低处"。这个面对的态度才是立意所在。写作关系类作文容易出现一种问题，就是把关系谈得天花乱坠，却没有最终的立意，不知道谈这一堆关系来干什么。因此，我们无论认为"高处"与"低处"互相转化也好，还是探讨"高处"与"低处"相互对立也罢，归根结底，都是要得出一个关于如何面对二者、如何应对人生的结论。

当然，材料里说"高处有高处的风景，低处有低处的景观"，这使得很多同学会选择两者均摊，"高处"有"高处"的好，"低处"有"低处"的好。这样写自然是最稳妥的。不过，我们也不妨态度鲜明一些，在立意上偏于一方，倘若操作得当，则更容易出彩。注意，立意偏于一方，不等于只写"高处"或"低处"，另一方抛开不论，那样就跑题了。要两方比较着写，在比较中凸显一方的独到之处。

4. 示范启发

人生何必登高处

东海钓叟

"朝为田舍郎，暮登天子堂。"国人于高处之向往，自古已然。然则何为高处？庙堂也；何为低处？江湖也。而时至今日，国人心中仰慕之高处，鄙夷之低处，又不局限于此。要之，富贵显达之所，高处也；贫穷平凡之隅，低处也。人生之价值，唯登高而已矣，然余窃有疑焉。

孔子登东山而小鲁，登泰山而小天下。登高之快，诚不虚也。庙堂名士，权势炙手；富商巨贾，锦绣膏粱。其耳目视听所经历者，固我辈布衣所不及也。然岂不闻苏子"高处不胜寒"之语？有得必有失，天理固然。《周易》云"战战兢兢，如临深渊，如履薄冰"，此高处之谓也。譬如山行，行之愈高，行路愈窄。左顾右盼，前后思量，岂敢快意？然丈夫处世，唯适意尔！何必心为形役，不得自在游于江湖间耶？晚食当肉，安步当车。梁肉固美，羹糁亦佳。一朝登高而终日惶惶，我不为也。

且高处不足以求，复不可以保。不闻高下相盈、无平不陂之语？天道之循环，变异尔。焉能久处高而不崩，长处乐而不穷？故汉之王莽，登极九五，竟不免于败亡；清年羹尧，位极人臣，亦难逃覆灭于翻手。其间又如小人者杨国忠，君子者王荆公，不免于暴起骤落，真其兴也勃焉，其亡也忽焉！《春秋》弑君三十六，亡国五十二；古来显赫权臣，无论贤愚，保位以终者几人？兴衰烟云，高下恒迁。故人事穷达，何必执着？此唯通达之士得之。

故苏子贬谪于榛莽，未尝不幸；严陵退隐于钓台，真乃明哲。何必权位之高？自有山林之高。何必富贵交游之乐？自有麋鹿鱼虾之乐。故君子达人，于草莽、田园、市井之间，未尝忧愁困窘不得其乐也。悠游自在，潇洒从容。笑谈秋月，惯看春风，虽渔樵之属，纷扰之中不失为羲皇上民。韩退之诗云"人生如此自可乐，岂必局束为人鞿！"于我心有戚戚焉。

然乐于低处，绝非安于卑俗。高冈之上，松柏森森；低谷之中，幽兰青青。颜回安于陋巷,陶潜耕于田园,此古仁人卷而怀之者也,其心远,其志洁。不汲汲于登高,其所之在于自由,在于不染尘俗,在于保其身全其性,作逍遥游,与天地往来。所谓不慕王侯,高尚其事。由此观之,乐此风尘之低处,无乃守其精神之高处乎?此中乾坤,玄之又玄,非卑陋颓丧之徒,苟且尘下之辈所明见也。

我今见人趋"高"若鹜,避"低"不及,既劳其身,又摧其心。以千年观之,可笑尔;以百年观之,可悲尔。孔子云:"不仁者不可以久处约,不可以长处乐。""君子坦荡荡,小人长戚戚。"百年沧海变桑田,人生何必登高处?二三子,唯陶公之"东皋"不妨一登抒啸耳。

5. 构思解析

本节所谓的"逐层推进布局法"在本文中是如何呈现的呢?

中心论点:人生何必登高处。

论证过程:高处不足以求→高处更不足以保→低处自有快乐→低处亦有精神的高尚。

通过四步,论证了中心论点。各层之间,联系密切,逐步推进。

下面来简单分析一下这篇文章。

文章的开篇,说"富贵显达之所,高处也;贫穷平凡之隅,低处也"。这是界定"高处"和"低处"的概念,为下文的论述做好铺垫。同时,指出自古以来世俗的认知是向往高处、追求高处。把"登高"看作人生最大的价值。本文对这种价值观提出一点质疑。

第二段先承认"高处"的诱人之处:"庙堂名士,权势炙手;富商巨贾,锦绣膏粱。其耳目视听所经历者,固我辈布衣所不及也。"人生大赢家的权势、财富,他的见闻,的确是我辈普通人所不及的。吃不到葡萄不要说葡萄酸,写文章不要说昧良心的话。我们有时候,否定什么就把什么说得一文不值，这不真实。因此，先从人之常情的角度出发，给它一个肯定。

接下来一转，高处不胜寒，有得必有失。我们说人在高处，有什么"失"。这里引用了《诗经》的话，又打了一个登山的比方，来说明人在高处最大的缺失，就是它的生活变得复杂，日常的言行也要时时谨慎，做事的顾虑也变多了。相对而言，他就失去了一部分自由。用陶渊明的话来说叫作"心为形役"，不能适意了。就像《鲁滨孙漂流记》里父亲对鲁滨孙的教诲："上层人物因骄奢淫逸、野心勃勃和相互倾轧而弄得心力交瘁。"请大家注意，文章始终没有说"高处"一文不值，说的是"粱肉固美，羹糁亦佳"。在承认"高处"好的前提下，指出"高处"存在的问题。

接下来过渡句"且高处不足以求，复不可以保"，形成一个递进的层次。这一段写人的成功与身处高位是很难长保的。这里引用了《道德经》"高下相盈"和《周易》"无平不陂"的道理，来说明万事万物都是物极必反的，登顶的下一步，必然是下山。接着举王莽、年羹尧、杨国忠、王安石四个例子来印证这个道理。这里有个设计，就是王莽与年羹尧一个是君一个是臣，这是地位层面的对举；杨国忠和王安石一个是小人一个是君子，这是道德层面的对举。这样四个例子就有所区别，不至于是重复的罗列。

下面论低处也有它的快乐。先从苏轼、严子陵的例子说起。这两个人一个被贬，一个隐居，都是处于江湖之间，但是都过得潇洒又快乐。严子陵是汉武帝刘秀的同学，刘秀请他出来做官，但是他却宁愿在富春江边钓鱼。因此，江湖山林之间，自有"侣鱼虾而友麋鹿"的快乐，自由自在，何必要做高官显贵受人约束呢？

下面用一个过渡句，再递进一层，论述在低处同样可以活出高贵。左思有句诗，叫"郁郁涧底松，离离山上苗"。有的人就像松树，虽然处于山谷的低处，但是他依旧比山峰上的草挺拔。比如，颜回居住在陋巷，他有一种安贫乐道的境界；陶渊明辞官归隐，回家种地，有一种拒绝世俗污染的高贵。有些人选择低处，是为了躲避尘俗，保全自己的品格。因而，他们虽然身在低处，其精神却站在高处。这样就实现了一个高处与低处的辩证统一。

文章至此完成了"人生何必登高处"的逻辑链条。最后的结尾，联系当下"趋'高'若鹜，避'低'不及"的社会现实，重申主旨。最后一句话，化用了陶渊明"登东皋以舒啸"，是说，世俗的高，我就不登了；但是陶渊明的东皋，我是愿意登的。这个"登东皋"，实际上是享受自由、独立的快乐。

文章的题目，叫作"人生何必登高处"。意思是我们何必认定了"高处"呢？其实人生还有另外一种可能。请大家注意，我们主张一个观点，在表达的时候最好留有一定的余地。我并不是说"人生不要登高处"，而是说"何必"。无论是登高，还是就低，都是一种活法。所谓"拉踩有度"，表达观点的分寸感也是十分重要的。

本文以文言行文，不过是一种有趣的尝试，也是为了探索作文表达的另一种可能，并不是说考场上用文言写作更容易得高分。精于文言的同学不妨尝试，不擅长文言的同学，请去其表而取其实，多多关注本文的论述思路。

6. 强化练习

> 人们常说，过去的就过去了，人要向前看；但也有人说，不能不向后看。
>
> 关于"向前看"和"向后看"，你有怎样的思考和感悟？请写一篇不少于700字的议论文。
>
> 要求：论点明确，论据充实；语言流畅，书写清晰，题目自拟。

观点类作文

一、单一式观点类作文

1. 典型例题

"有些人能感受雨,其他人则只是被淋湿。"

对这句话你有怎样的思考?请自选角度,自拟题目,写一篇不少于700字的议论文。

要求:论点明确,论据充实,论证合理;语言流畅,书写清晰。

2. 题型概说

这一类给出"一句话"作为题干的作文题,可称之为单一观点类作文。这类作文题以所给句子为写作对象,写作的核心任务是谈谈我们对这句话的理解和看法。要注意,看法之前是理解。首先要读明白这句话是什么意思;接下来,才是针对这句话发表我的看法,是同意还是不同意,或者是部分同意。同意则证明它、阐发它,说说它为什么对,可以延伸出什么结论来。不同意则驳斥它,不过驳斥一个观点,要就其逻辑展开批驳,写作难度较高。

有的时候,所给的句子是以文学性手法呈现的,比如比喻、拟人、象征,或者是一句诗,那理解起来就要费一番功夫,切记小心谨慎，上看下看，整体把握。解读句子时，一要注意句子中难解的关键词，二要注意句子的逻辑。譬如此题，关键词是"感受雨""被淋湿"，前后两个分句成对比关系。那么写作中就要注意到关键词的落实，以及两种人的对比。

3. 解题点拨

材料中所给的这句话是以比喻的形式呈现的，我们首要的任务就是搞明白这句话所指何事，所喻何理。

这句话核心的喻体是"雨"。那么，"雨"到底比喻什么呢？考场上很多同学容易漫无边际地发散，比如有人把"雨"理解为生活中的小美好，有人把"雨"理解为时势、先机……其实，孤立来看，这些理解不能说没有道理。我们常说"喝茶、读书、听雨"，在这个语境中，"雨"就代表着生活中那些美好的小瞬间。我们还说"山雨欲来风满楼"，这"雨"就代表着时势的变化。

但是在题干的语境中，"雨"是一种消极元素。因为后半句话说"只是被淋湿"，透着一种无奈感，可知"雨"是坎坷、苦难、不幸之类的意思。（这里插播一个小技巧，很多句子我们切换重音反复读，有助于抓住重点。）古代文人的抑郁不得志，人生的病痛不幸，乃至国家民族的灾难，都可谓"雨"。那么，"只是被雨淋湿"则代表了一种生活状态，即被动地遭遇苦难、承受苦难。而"感受雨"则代表了对苦难有一种主动性，主动去感受，主动去思考，主动去领悟。

我们也可以把"雨"理解为生活的琐碎、庸常，比如家庭生活中每天的"柴米油盐酱醋茶"，学习、工作生活中重复的"两点一线"，不变的环境，不变的节奏，这虽然没有苦难来得轰轰烈烈，但同样可以把人"淋湿"，更加消磨人们生活的热情。那么所谓"感受雨"，则意味着能够在无味的生活中发现趣味，获得深刻的体会。

我们这篇文章，核心的内容就是谈谈对"感受雨"的理解：什么是"感受雨"，以及"感受雨"有什么意义。行文之前我们可以先罗列一些对"雨"有所感、有所思的人物素材，譬如李白、杜甫、苏轼、鲁迅、史铁生等。李白、杜甫侧重对苦难有所感触，有所抒发；苏轼、史铁生侧重对苦难有所思考，有所超越；鲁迅则是对民族苦难有所反思，有所批判……由此可知，这里的"感受雨"有不同的维度和层次，或是感性的感受，或是理性的思考。据此可以设计文章的层次。

就本文来说，对"雨"的理解决定其对错，而对"感受"的理解决定其高下。比如说有的同学认为"感受雨"其实就是"在苦难中吸取教训，进而战胜苦难"。对，但理解较为粗浅。我们应该打开思维，"感受雨"，可以是在苦难中获得思考与启发，也可以是在庸常的生活中获得审美的体验。"感受雨"应该往超越功利的层面去理解。要知道，苦难与庸常未必总能被战胜，"感受雨"自有其哲学、美学的意义。

此外，行文中不要忘了把"感受雨"与"被淋湿"加以比较，如此方能更好地突出"感受雨"的内涵和价值。

4. 示范启发

切莫沉沦风雨中

东海钓叟

有的人在生活，而有的人只是活着。

这其中的区别，就在于我们对生活中每一帧画面是否有过用心的感受。感受雨，而不只是被淋湿——告诉我们在生活的风雨来临之际，或可不必无动于衷地遭遇，也可因之获得领悟，有所收获。

当然，这并不是说我们期盼雨、欢迎雨、赞美雨。我们不应歌颂苦难，更不应指责、嘲讽那些被风雨淋湿、被苦难打败以至于逆来顺受、无所作为的人们，对他们说"请享受苦难吧！"。"感受雨"，乃是说当苦难的风雨不可避免地降临到你我的头上，我们在浑身湿透之余，还能葆有一点悲欢的感受，还能有一些深沉的思索。这未必能消除苦难，却足以使我们不至于在大雨滂沱之中失去自我，继而获得雨中前行的慰藉与力量。

古人说"文穷而后工"，正因为诗人对"穷"有所感、有所不平，譬如李白，有志不得伸展，于是有"欲渡黄河冰塞川，将登太行雪满山"。又如杜甫，家国之难，身世之悲，俱在心头，于是有"万里悲秋常作客，百年多病独登台"。苦难往往是文学创作的良媒，诗人永远饱含深情地咂摸苦难，为苦难痛哭流涕、慷慨悲歌。或是高呼，或是沉吟，他们用每一寸皮肤去感受人生的雨，一点一滴，汇成名垂千古的诗句。当然，诗不是写给后人的，而是写给自己的。因感受而书写，因书写而活得真真切切。当诗人触摸苦难，也是触摸自己依旧滚烫的心。

诗人以喜怒哀乐去感受苦难，哲人则以上下求索来思考苦难。史铁生在《我与地坛》中说，"死是一件不必急于求成的事"。这是史铁生在"最狂妄的年龄上忽地残废了双腿"之后，对于"关于死"以及"怎样活"的一种领悟。在地坛公园盘桓的漫长时间里，在不断叩问生命意义的矛盾与挣扎中，史铁生以思考和写作超越着躯体的痛苦；而千年前的苏轼，遭遇放逐黄州的困厄，在沙湖道中领悟了"也无风雨也无晴"的豁达，在长江之上获得了"物与我皆无尽也"的哲学思索。泱泱大宋，每一日不知有多少不得志的文人在嗟叹垂泪，而苏轼却以有所感、有所思，实现了精神的突围。

感受苦难、思索苦难，其实质都是对苦难的超越，不因苦难而磨灭了自我。不过，我们要超越苦难，然而我们要超越的又不止于苦难。人的一生中，关乎生死、荣辱、成败的真正的苦难其实又有多少呢？最能消磨意志，令我们蹉跎沦丧的，其实不过年年岁岁、日日如此的庸常。正如"雨"，不仅有海风呼啸携来的狂风暴雨，更有黄梅天淅淅沥沥、潮湿黏腻的不尽细雨。人生最为遗憾的沉沦，莫过于在"两点一线"的琐碎重复中死了一颗灵动易感的心，被生活的梅雨淋得垂头丧气，乃至麻木不仁。

因此梁启超主张"趣味主义"，要在庸常的生活中寻找、发现趣味。这不禁使我想到了汪曾祺先生，白菜、萝卜、咸鸭蛋等事物既能入文，也能入画。写泡茶馆这样的日常琐事活色生香，有滋有味；肖复兴先生的《花边饺》《喝得很慢的土豆汤》《年灯》等文章，取材于生活的边边角角，皆平淡而深情。散文家讲究"日常生活的审美化"，在庸常之中发现美，在无趣之中寻觅有趣，这何尝不是一种"感受雨"的智慧？

我们可以被生活打败，却不该在生活之中麻木沉沦。在风雨之中主动感受，其本质是勇敢，是热爱，是对意义和价值的追寻。且听风雨，感受自我，感受生命！

5. 构思解析

本题题干带有比喻性质，于是本文开头选择开门见山——"有的人在生活，而有的人只是活着"。以警句点破题意，以求干净利落，快速入题。接着第二段亮明中心，摆明态度。

文章第二段承上启下。其任务一是解释"感受雨"的内涵，任务二是总说"感受雨"的意义。文段没有上来就高调主张"感受雨"，而是先退一步，对"被淋湿"表示理解，这不仅增加了论述的层次性，也显得文章更有人情味，读来更令人接受。有的同学，写到苦难、挫折之类的话题，惯于唱高调、灌鸡汤，看似"高大上、伟光正",实则空洞而冷漠。

文章第三、四两段来到了主体论述部分,分别举诗人、哲人两类人,从"感受雨"到"思考雨"写了两个层次,形成一个递进逻辑。两段之间增加过渡句,使得层次更清晰,重点更突出。在举史铁生、苏轼两例时,我们当然可以按照时间顺序先说苏轼,再说史铁生。但是古今的顺序略显浅显。这里先说史铁生,强调的是超越躯体的苦难;再说苏轼,强调的是突破精神的困局。从躯体到精神,逻辑更为深刻。举例行文中,李白、杜甫感受什么,史铁生、苏轼思考什么都要落实清楚。

接下来以"感受苦难、思索苦难,其实质都是对苦难的超越,不因苦难而磨灭了自我"对上文稍做总结,立即展开新的论述层次。解题时曾说,我们对"雨"既可以理解为苦难,也可以理解为生活的庸常。因此这一段提出"雨"的另一层概念,对"感受雨"展开另一维度的探讨,论述我们要在琐碎日常的生活中用心感悟,寻找生活的趣味。这一层立意在考场中是很少见的,其原因则是对概念理解不够深,思路打不开,故而在此做以示范。

注意,这一部分所论的是"要在庸常的生活中寻找、发现趣味",这"庸常"二字是绝对不能略去的,否则就成了论"在生活中发现美",那就跑题了。因为"雨"必须带有消极意味。生活不是雨,生活的琐碎、重复才是雨。这也告诉我们表述的重要性,表述偏差,离题万里。

因此,写议论文首先要做到"词能达意"。譬如本题,最为关键的表达问题就是如何解释"感受雨"和"被淋湿"。不仅要想得清楚,还要说得清楚。

● 本文在落实"被淋湿"时有如下表述,着力表现"被淋湿"的被动、无奈、消极性质:

沉沦风雨中。

无动于衷地遭遇……

被苦难打败以至于逆来顺受、无所作为……

人生最为遗憾的沉沦，莫过于在"两点一线"的琐碎重复中死了一颗灵动易感的心，被生活的梅雨淋得垂头丧气，乃至麻木不仁。

● 本文在落实"感受雨"时有如下表述，将什么是"感受"落实清楚：

还能葆有一点悲欢的感受，还能有一些深沉的思索……

感受苦难、思索苦难，其实质都是对苦难的超越……

要在庸常的生活中寻找、发现趣味……

收尾部分点出"感受雨"的实质，"是勇敢，是热爱，是对意义和价值的追寻"，对全文进行总结收束，排比句式的使用增加了语势，正所谓写作文要有"豹尾"，即干净简练而有力量。

6. 强化练习

有位航海家说："风总是偏爱那些知道风向的人。"这句话引发了你怎样的联想和思考？请自选角度，自拟题目，写一篇议论文。

要求：论点明确，论据充实，论证合理；语言流畅，书写清晰。

二、材料式观点类作文

1. 典型例题

2020年6月23日，北斗三号的最后一颗卫星成功发射，标志着我国自主建设、独立运行的北斗卫星导航系统完成全球组网部署。

> 整个系统由 55 颗卫星构成，每一颗都有自己的功用，它们共同织成一张"天网"，可服务全球。
>
> 材料中"每一颗都有自己的功用"，引发了你怎样的联想和思考？请联系现实生活，自选角度，自拟题目，写一篇议论文。
>
> 要求：论点明确，论据充实，论证合理；语言流畅，书写清晰。

2. 题型概说

此题的主要特点是以材料的形式给出观点。

不过，此题还是非常友善的。引导语部分清晰地提示了本段材料的重点："每一颗都有自己的功用"。这话字面是说北斗卫星的，实际要表达的是"社会上每一个人都有自己的价值"。写作的核心任务，即证明此观点的合理性，继而论述由此延伸出的相关内容。

从全国近年的考题来看，很多的材料式命题并没有引导语来提示重点，这时我们论述的对象是什么，论述的重点在哪，就要自己去判断了。对材料式作文，我们不可一概视之，而是要分析这段材料的重点在哪：是给出了一个概念，还是给出了一对关系，还是给出了一个观点，还是给出了一种现象，据此我们再来认定此题的分类。比如此题给出北斗卫星发射的相关事件，不是要就事论事，而是要论这其中的某种道理。

材料型作文题审题，一定要注意材料的语境。我们一定要结合材料想一想，我们应在何种方向、何种范围、何种前提之下来论述这个问题，不能断章取义，孤立地论述。

3. 解题点拨

我们下笔之前应回到材料，认真分析这句话的背景。材料有两句话，亦可视为两层：第一层陈述北斗卫星发射、北斗系统完成组网这一事实；第二层强调55颗卫星，每一颗都有其功用，共同组成天网。这里的第一层可以视为引子，关键的是第二层。在这里，我们可以读出这样一层意思，即"每一颗都有自己的功用"，是针对天网这个整体而言的。

因此，我们去分析"每一颗都有自己的功用"，是要在个体与整体的关系中去讨论的，这就是材料的引导性。倘若我们忽视这一层，孤立地去论"每一颗"的价值，就会有所不及，不能覆盖题意。因此，此题应从以下两个层面展开论述。

首先，应论述每一个个体的不可或缺与意义非凡。每一个个体——无论是英雄还是凡夫，都有他的功用与价值。而在"每一颗"中，我们尤其要注意到最不闪光的那一颗，格外注重思考平凡者、渺小者的价值。因为从论述逻辑上来说，只有证明了最渺小者确有价值，才能证明每一个都有价值。就社会现实而言，我们既要看到各行各业精英人物的价值，也要看到那些无名的平凡英雄，那些默默在基层奉献青春的驻村干部，那些风雨无阻的快递小哥，那些不留名姓却无处不在的志愿者……他们无不为我们的社会发挥自己的功用。

其次，我们还要考虑到个体的价值亦在整体之中得以实现。55颗卫星，其每一颗的功用，皆需要在整个北斗系统中得以呈现。假使将其孤立开来，其功用则无所施加了，自然也就失去了价值。正如《钢铁是怎样炼成的》中一段有名的文字："人最宝贵的是生命，生命属于人只有一次。一个人的生命应当这样度过：当他回忆往事的时候，他不致因虚度年华而悔恨，也不致因碌碌无为而羞愧；在临死的时候，他能够说：'我的整个生命和全部精力，都已献给世界上最壮丽的事业——为人类的解放而斗争。'"因此，对个体与整体的关系，我们既要看到个体对整体的支撑，也要看到整体对个体的成就。由此实现对该话题的辩证思考。

可以说，此题一旦命成，其论述的思路也就大抵定了。这一类的题，给考生在构思上的发挥空间是有限的。它不是这样论也可，那样论也可。而是只有这样论，才是最对的。这里不是对题目有所褒贬，只是陈述其客观的特点。

当然，即便如此，文章的高下仍旧有许多维度来区分。譬如语言的质量、举例的品位，尤其是说理的纵深。此题具体论述起来，还要往深处去走，展开追问，不要停留在摆摆道理、举举例子上。但是，这一类观点因为它太对了，反而不容易找到说理的切入点，在考场上陷入无话可说的窘境。这里就还需要有阅读积累和思维灵活的加持了。

4. 示范启发

微星的光芒

东海钓叟

北斗导航系统由 55 颗卫星组成，这里的每一颗卫星各司其职，各有自己的功用。正如北斗工程的科研团队，其队伍庞大，人数有 30 万之多。在过去数十年的岁月里，他们把一颗颗卫星送上夜空。这里的每一位科研人员，如同每一颗卫星，亦都有其不可替代的功用。

这不禁令人联想到，在社会这个巨大的系统中，每一个岗位上勤恳工作的人，亦如一颗颗明星，散发着独一无二的光芒。个体之于全体，力量是极微的。但是所有的全体莫不由个体而组成，这让我们想到自古而今一系列宏大的历史变迁，其间既有名世者，也有无名者，他们同样"留取丹心照汗青",同样值得我们尊敬。

譬如在古建筑保护的事业中,精英者如梁思成,以其精深的学养与惊人的毅力,一方面整理注释众多古代建筑学著作,另一方面完成了蓟县独乐寺等实地考察研究,更深入深山老林,发现了唐代佛光寺,打破了日本学者"中国再无唐代建筑"的狂妄论断;而普通人也有其同样了不起的价值,比如安徽西递"打更队",用手中一面普普通通的响锣,守护着千年古村,使这"中国明清民居博物馆"224幢古建筑历经风雨而安然无恙。可见一项事业的造就与持久,不仅要依靠"了不起"的精英,也要依靠"不起眼"的普通人。

说到底,社会有分工,每个人都有他不同的岗位。社会依靠分工合作而运行不辍,每个岗位的价值都是不可替代的。但是反过来看,每个个体的价值亦是在全体之中得以实现。正如每一颗卫星,唯有在整体的"天网"系统之中才能发挥其功用,假使将其孤立开来,其功用则无所施加了。在当下轰轰烈烈的脱贫攻坚战中,数以百万计的青年干部,投身山村建设一线,为建设美丽乡村贡献了自己的力量。在此过程中,青年人亦将其个体的奋斗融入民族复兴的时代洪流,他们的每一份心血、每一滴汗水,因此具有了长远和广阔的历史价值。可以说,群体赋予个体价值以更重大的意义。

因此,当我们说"每一颗都有自己的功用",其实是表达了这样一层意蕴:我们应在时代与社会的广阔天地中,找到属于自己的方寸一隅,进而创造自我的价值。正如鲁迅先生所说:"有一分热,发一分光"。正如外卖小哥汪勇,在武汉封城其间凭着一辆外卖摩托接送医生、运送物资,成为"生命的摆渡人";另一位外卖员王计兵,则凭着一颗心和一支笔,将平凡的生活写作诗行,为我们分享烟火人间的苦辣酸甜。

或许最终有一日,当我们发现自我并非不凡,不过是芸芸众生中的渺小一员时，我们不应忘记自我的别具一格。我们都是一颗星，或其大如斗，或微渺闪烁，但我们都将照亮夜空，迸发光明。

5. 构思解析

本文题目"微星的光芒"，正是中心论点的形象化表达。强调了每一颗星虽然小，却也有它的价值和功用。文章首段就北斗卫星的相关内容切入，既有所发散，又与材料关联紧密，继而到第二段首句，亮出中心论点，并简单阐述。

文章的核心论述段是第三、四段。第三段举梁思成和西递"打更队"一组例子，梁思成代表精英，"打更队"代表普通人，他们都对古建筑保护做出了自己的贡献，由此证明无论我们是何角色，都有其价值。正如前文所言，举例论证并不能完全证明一个观点，除非穷举。那么我们在不穷举的前提下，就要通过事例的逻辑构建来提高论证的效果。因此，这里用"精英＋普通人"的组合来论证观点。

这里我想提示同学们，我们在积累素材的时候，不妨对既有的素材予以扩充，沿着某一条线索予以扩展，积累了梁思成的事例，就不妨对古建筑保护多一些了解。在写作中，把相关的事例组合使用，形成一套组合拳。

第四段开头"社会有分工，每个人都有他不同的岗位"是一个承上的句子。这一句话是比较关键的，这里是在解释为什么每个人都有功用——那就是社会分工。梁思成有梁思成的分工，"打更队"有"打更队"的分工。能用"社会分工"去解释"每个人都有价值"，这就是纵深的说理。接着话题一转，去论下一个层次"每个个体的价值亦是在全体之中得以实现"。在这一段中，首先是"假使将其孤立开来，其功用则无所施加了"这一句的假设论证，接着是脱贫攻坚青年干部的事例。这里的重点就在于，要说清楚青年干部这些个体，在什么整体中，实现了什么人生价值，每一个要点都要落在实处。

至此，一来一往，观点论述完毕。接下来我们延伸开去，谈谈这句话给我们的启发，即"我们应在时代与社会的广阔天地中，找到属于自己的方寸一隅，进而创造自我的价值"。这一段特地举了所谓小人物、普通人的事例，正是为了引出最后一段的观点——作为"芸芸众生中的渺小一员"，不要忽视自我的价值。呼应了题目中"微星的光芒"。这正是本文立意的亮点。

有同学可能会说，这里有什么亮点呢？我看平平无奇啊！

是的，的确如此。然而正是这平平无奇的话，同学们在考场上或想不到，或说不好。在阅卷中，所见多是指点江山，多是睥睨苍生，我们总是自觉不自觉地把自己摆在了领导者、成功人士、社会精英的角度上，我们总想着有一天定要发挥自己的洪荒伟力，为世界做大贡献，于人类有大功用。

然而我们走出高中校园，走向成人的世界，最应该学会的一课却是：作为"平平无奇"的普通人的我，该如何活得扎实而幸福。当有一天，发现我没有成为伟大的科学家，没有跻身名人富豪之列，我们只是砂砾一样的飘荡于尘世之间的普通人，我们却依然能找到自己的价值，依然能坦然地生活，那才算是一颗闪亮的星。

6. 强化练习

> 以色列生物化学家阿龙·切哈诺沃因发现泛素调节的蛋白质降解，于2004年获得诺贝尔化学奖。他在接受记者采访时说："小时候，妈妈教导我说，人走入一条河流，可以顺水而行，也可以逆水而行，你这辈子如果想成功，就永远要选择后者，尽管它可能并不舒服。我能有今天，就是按照妈妈给我画的'路线'而行的。"

材料中"可以顺水而行，也可以逆水而行"，引发了你怎样的联想和思考？请联系现实生活，自选角度，自拟题目，写一篇议论文。

要求：论点明确，论据充实，论证合理；语言流畅，书写清晰。

三、对举式观点类作文

1. 典型例题

路边的一根稻草如果没人理睬，它永远是一根稻草。如果用它捆绑白菜，它的身价就与白菜相同；用它捆绑螃蟹，它的身价就与螃蟹相同。其实，人的价值有时也像一根稻草，与自身无关，就看你与谁在一起。但也有人认为"稻草定律"并非人生宝典，人的价值不应依附他人存在，而在于自身对社会的责任和贡献。

以上材料引发了你哪些思考？写一篇议论文，阐述你的观点和看法。

要求：自主立意，自拟题目；观点明确，论据充实，论证具有逻辑性；语言得体。

2. 题型概说

此题先给出一段材料，接着问"以上材料引发了你哪些思考"。有的老师和同学喜欢称这类命题为"材料作文"，其实不确切，因为是否给材料并不是一道作文题的核心特质，也不能就此而确定解题写作的思路。所以"材料作文""命题作文""半命题作文"之类的分类方式对于写作的指导意义不大。

我们读一道作文题，最核心的任务是搞清楚写作对象，而不是去看它命题的方式是给材料还是给题目。此题依然属于观点类作文。材料的核心内容是对"稻草定律"的两种看法：有的人认为"稻草定律"有道理，有的人认为"稻草定律"有问题。题干给出一对相互针对的观点，因此我们将此类作文题称为"对举式观点类作文"。

拿到这类题目，我们首先应该认真理解两种观点，继而分析二者的关系。我们要去判断，两个观点是互相否定、截然相反呢，还是各有侧重、可以互补呢？或者说是各有合理性，但是其中一个格调更高，观点更对？写作这类作文，常见的问题有二：

其一，没有自己的立场，看法"骑墙"，主张两个观点都对，同时各打五十大板。

其二，只论其中一个观点，完全不理会另一个观点。

正确的解题思路，首先，应该有鲜明的立场，哪一个看法对，哪一个看法错，要铿锵明朗。倘若我认为两个观点各有所取，那么哪一个是主，哪一个是次，这也是要明确的。退一万步讲，我认为两个观点各对 50%，那也要将二者各自的合理性明确出来，并拎出关联，构建出逻辑，不可以用一句"都有道理"糊弄过去。

其次，在论述中应该将两个观点都照顾到。比如主体去论述 A 观点正确，那么要记得兼论 B 观点如何不正确，或者是不够正确。这样才算把题面都覆盖到了，思维缜密，行文周全。

3. 解题点拨

这道题的核心概念就是"稻草定律"，动笔之前我们应该搞清楚"稻草定律"的内涵，才能有的放矢。

"稻草定律"从一根稻草而来，所指的是一种人世的现象，即一个人的价值往往因其依附的对象不同而有所区别。古代有"一人得道，鸡犬升天"的说法，那些攀附上得道之人的鸡犬，自然属于享受了"稻草定律"的红利了。那么"稻草定律"其实有两层内涵：

第一，个人自身的能力、素质不重要。

第二，个人与谁在一起才重要。

《史记·伯夷列传》中有"附骥尾"的说法，即蚊蝇附在马的尾巴上，可以远行千里。信奉"稻草定律"的人，自古以来，绝非罕见。历史上攀龙附凤之徒，把"好风凭借力，送我上青云"作为人生的信条，不去提升自身的实力，一味要借他人之势。

材料给出两种关于"稻草定律"的看法：其一是肯定了"稻草定律"的合理性，其二是彻底否定了"稻草定律"。从常识出发，当然是观点二更具有合理性，因此在行文中，大方向上持否定立场较为自然。如果非要证明"稻草定律"绝对合理，则容易失之于造作。

不过，"稻草定律"也并非一无是处。"世有伯乐，然后有千里马"，即使如千里马者，与"奴隶人"共事，也只能"骈死于槽枥之间"，人生价值的发挥，才华的施展，的确是需要外部的助力的，伯乐、平台都是关键要素。所以换一个角度来理解，"稻草定律"也有一定的合理性。但是"稻草定律"它彻底否定个人的价值，这就有失偏颇了。这根随着捆绑物销售的稻草，其实其自身并没有价值，即使捆了螃蟹，一时价格高昂，最终还是被随意丢弃了。可见，事物、个人自身的价值才是其立身之本。因此，我们在行文中，不妨把"稻草定律"中的对与错摆一摆，使得议论更为切实。

材料中的观点二，实际上有两层意思。第一层是否定"稻草定律"，认为人的价值不依附于外；第二层是正面立论，主张人的价值在于自身。那么我们论述的时候，不妨依托于此予以展开。先驳论，再立论，有所批判，也有所树立。只驳论，不立论，主张是不鲜明的，文章是不完整的。

要注意，很多同学在读"在于自身对社会的责任和贡献"这句话时，把重点放在了"责任和贡献"上，去谈责任与贡献的意义。其实，根据上下文的句子关系来看，这句话的重点在于"自身"——人的价值不在他人，在自身。

4. 示范启发

"稻草定律"可以休矣

东海钓叟

青年的人生，我向来以为，其价值的创造全然是凭他自己的双手的，而绝不待于外。所谓"借势"的智慧，固然为成功学所称道，但堂皇地说起来终究有些不够坦荡。在我看来，这"稻草定律"还是不必讲求的好。

其实，这"稻草定律"倒也不是什么新鲜的东西。自秦代便有奉行"仓鼠哲学"的李斯，攀龙附凤，做了秦朝的宰相。然而一旦失势，遭灭门之刑，想要与儿子"复牵黄犬，俱出上蔡东门逐狡兔"而不得。可见这被剥离了"螃蟹"的"稻草"有多么卑微与可怜。退一步讲，古来那些倾侧君王的、依傍权臣的"智者"，即使逃过了失势的刑戮，也不过得个"竟以善终"，若说作为，终究碌碌。因此，"稻草定律"无非还是狐假虎威的把戏。

在我看来，做了系绳的稻草，哪怕卖出螃蟹的价钱，毕竟还是稻草，而且连稻草的本来面目也模糊了。一个人，倘若没有一点立身的真本事，只想着"好风凭借力，送我上青云"，今日"蹭流量"，明日"傍大佬"，终究是竹篮打水一场空。甘做"稻草"，随风飘摇，到最后总是一场虚度。人生如此，既可悲，又无聊，遑论价值。

真正理想的人生，当如曹丕所说："不假良史之辞，不托飞驰之势，而声名自传于后。"不必依傍他人，只凭自己的双手创造一番天地。又如庄子在《逍遥游》里所说的"无所待"，那样的人生才自在，才精彩。李白之所以是李白，绝非凭恃《清平调》之类的应制之作，而在于放浪山水之间，笔端喷薄着生命力的一个个大大的"我"字——"安能摧眉折腰事权贵，使我不得开心颜""我本楚狂人，凤歌笑孔丘""天生我材必有用，千金散尽还复来"……在孤独的旅途中，李白找到那个独属于自己的浪漫灵魂。用自己孤傲的背影为中国文学史铸就了一个高峰，更成就了其文其人的独特价值。

是啊，若李太白者，何必"常得君王带笑看"呢？诸如李白、陶渊明、苏轼、黄公望……他们都是在对自我精神的追求与彰显中成就了自我，又为后世华夏文人树立了人生价值的坐标。

因此，与其同螃蟹增价，还不如做根独立生长的"稻草"，虽然微末，却也有骨气。作为中国的青年，还是不要讲求这一套"借力"的学问为好。我们只需独自前行，靠自己的双手和头脑，写一点有用的文章，做一点有用的学问，干一点有用的事业，那便可以说了不起。正如当下，有的青年人大学毕业——甚至有名校海归，只是到农村去，踏踏实实地做一点扶贫和支教的工作，不必借助名校的光辉，亦不必结交所谓名流贤达。只靠自己的双手和头脑，我想，哪怕是一点点的果实，也终究证明他是一个于己于人有用的人，是一个活出了独到价值的人。

"惟此独立之精神，自由之思想，历千万祀，与天壤而同久，共三光而永光。"这是陈寅恪先生的自勉，至于你我，何尝不是这样？一个灵魂最可贵之处，在于其独立的精神与自由的思想。因此，我们并不怕做一根稻草，唯求做一根堂堂正正的稻草。

5. 构思解析

本文题目"'稻草定律'可以休矣"亮明观点，立场鲜明。首段直接点出"稻草定律"乃是一种"'借势'的智慧"，属于开门见山式的开篇。因为这道题带有比喻色彩，所以这里开篇破题，点破题面的关键处，以给人清晰明朗、"打开天窗说亮话"之感。

文章的主体段落，其逻辑是先驳论，再立论，最后联系现实说理。

文章第二、三两段结合事例分析"稻草定律"为什么站不住，为什么不值得效法。思考的切入点，即捆绑了螃蟹的稻草终究还是稻草，由此联想到攀附他人的庸人没有自己的真本事，归根结底还是庸人。这就戳中了"稻草定律"的死穴。这两段，第二段侧重举例，第三段侧重说理。倘若挤在一起，显得臃肿，不利于阅读。

接下来的第四段，可谓本文的中军主力，正面去论述"人的价值不应依附他人存在，而在于自身对社会的责任和贡献"。

首先，举曹丕《典论》中的一段名言，点出人生的真正价值在于不假借、不依托，在于能够"自传于后"，这正是庄子在《逍遥游》里所说的"无待"，即不依凭外部条件。接着是以李白为例子，详细剖析其中的道理。李白固然写过《清平调》这样的应制诗文，做过唐玄宗的御用文人，然而李白其文学其人格的成就，却在于那些抒发独立傲岸之情怀的作品。这些作品中，往往凸显着李白对"我"的执着。他是不肯把"我"放弃，去做阿附他人的小丑的。这里两相比较，突出了自重自立的意义。第五段稍微拓展，由一人而群体，将此立意夯实、升华。

我和当时写作此题的同学交流时，很多同学不知道李白在这个作文中如何用。因为大家觉得李白是一个事业上的失败者，很难借他证明独立自主、不依附他人的积极意义。其实，我们看待一个人，不能只从事功的角度来评价，更要从精神的角度来评价。李白固然在仕途上极其失败，但是其对中国人的精神价值是无可替代的。李白的傲视王侯、遗世独立，其根本的意义是精神的、文化的。

接下来第六段，主要内容是结合当下，谈论青年人应如何看待"稻草定律"，呼吁青年人不必讲求"稻草定律"，要有所作为，提升自我。

结尾段，我想到陈寅恪先生给王国维写的悼念之辞，借此来提炼、升华本文的立意，将文章的立意收束到"独立的精神与自由的思想"两个概念上。最后，回到材料的比喻"稻草"中去，从"稻草"来，到"稻草"去，呼应材料，更显切题。

6. 强化练习

> 有人说，多方听取不同意见，会让我们明辨是非、智慧通达，所谓"兼听则明"。也有人说，大数据时代每天都有各种各样的"声音"向我们涌来，"兼听"更容易让人产生困惑，甚至迷失自我。
>
> 以上关于"兼听"的看法，引发了你怎样的联想和思考？请写一篇文章。
>
> 要求：题目自拟，立意自定；文体不限（诗歌除外）。将题目写在答题纸上。

四、抓住观点中的关系

1. 典型例题

> 一位作家曾写过一段意味深长的对话：
> "咱们往哪走啊？"

> "往前走。"
>
> "哪是前啊？"
>
> "往哪走，都是往前走。"
>
> 对话中"往哪走，都是往前走"，引发了你怎样的联想和思考？请自选角度，自拟题目，写一篇议论文。
>
> 要求：论点明确，论据充实，论证合理；语言流畅，书写清晰。

2. 题型概说

此题要论述的观点是"往哪走，都是往前走"。这个观点的核心是"往哪走"和"往前走"的关系。我们一定要讲清楚为什么"往哪走"都是"往前走"。

有一类观点，其本质是对一种关系的表述。一定要把这个关系论清楚，作文才算是写到位了。

又如下面这道题：

> 散文《岭上多白云》的作者称汪曾祺是"一个苍茫的远行者"。其实，我们生活中有很多"远行者"，各自演绎着精彩的故事。
>
> 请以"远行者才有故事"为题，写一篇文章，文体不限。要求：思想健康，内容充实。

这道题的写作重点，自然是"远行者"和"故事"的关系，即为什么"远行者"才会有"故事"。我们将这类作文题归为关系类也未尝不可。只是这类题目其命题形式是一句话，而不是简单的两个词，其关系往往是既定的（"就是""才会"）。我们的任务不是建构两个词的关系，而是证明这句话，要在"为什么"上做文章、下功夫。

此外，此题的题面好似古代禅宗的"打机锋"，以一段高妙莫测的对话呈现一种哲理。无论题目出得多么"玄"，切莫就"玄"论"玄"，使得文章脱离了实际，成为形而上的空洞讨论。因此，我们不妨想想，在看似玄妙的机锋背后，其实是指向了什么话题，关联了什么现实。把道理说透，把道理说实，才是这类说理的最终追求。

3. 解题点拨

本题写作的核心任务，是解释"往哪走，都是往前走"这句话的合理性。不过，在动笔前，我们要问一个问题：难道真的所有的"往哪走"都是"往前走"么？其实，这句话敢道一个"都"字，是有一个前提的，就是"当我们不知道该往哪走时"。

请看材料，在这句话抛出之前，是另有三句话的：

"咱们往哪走啊？"

"往前走。"

"哪是前啊？"

这个发问者，显然陷入了迷茫，不知道该往哪走了。这时候作家，或者说是智者，才来指点迷津，点出"往哪走，都是往前走"。这里的"走"象征着行动。这句话的深意其实是，当我们的人生或者某一种事业陷入了困境，不知道下一步该往哪里去的时候，切勿原地踏步，只有行动起来，才会找到新的方向。这话的背后，是一种行动哲学。

我们审题一定要联系语境。很多句子，脱离了语境往往歧义别出。孤立来看最后一句话，其内涵就不甚清楚了，其解释也就没有边界了。因此，倘若脱离了这个"迷茫"的前提，那么这个结论的成立性也就存疑了，我们也就无法展开论证了。比如有的同学就会说了：

"往后走是不是往前走?""走歪了是不是往前走?"这还真不是抬杠,而是对材料缺乏完整的理解。考场上有的同学由于没有关注这个前提,对这句话的成立性产生怀疑,因而展开批驳,那就背离题意了。

我们还要好好琢磨一下何为"前"。我们自然会想到"前"是一种事业的新方向,人们在困局之中通过行动来得以脱身,开辟新路,走向成功。很多事业的成就,并非提前料定了方向,有步骤有计划地逐步实现,而是一开始并不清楚前路在哪,通过勇往直前的实践,摸着石头过河,蹚出了一条路来。这类的例子在历史上、在现实中颇多。因为真实的成功往往不是算定的,而是闯出来、干出来的。

此外,"前"也可以从成长的层面来理解。或许我们的闯和干没有成功,从事功层面来说,未必有理想的效果。但是在此过程中,我们收获了认识的提升、人格的成长,其实这未必不是一种"前行"。因此,我们不妨打开视野,多多取材。

在此题的写作中,能够抓住"走",就抓住了关键;强调"行动起来",就立对了意。倘若要论出彩,那就必须在"走"和"前"的关系上有深刻的、多层次的分析。

4. 示范启发

做勇于行走的人

东海钓叟

成长最为痛苦的时刻,莫过于对前方茫然无知,却依然要做出方向的抉择。我们渴望预知未来,一举迈入走向成功的康庄大道。然而可惜的是,我们无法剧透人生。事实上,人生的剧本绝非提前写就的,而是一步一步走出来的。因此,不是前方规定了走向,而是行走塑造了前方。

电影《瞬息全宇宙》讲了一个道理,那就是我们在人生路口的每一种选择都有可能塑造一个全新的自我。命运不是既定的,是我们的选择成就了自己,是我们的行走创造了未来。譬如木匠出身的齐白石,可曾料想成为中国画坛的泰山北斗?又如学医出身的鲁迅,又是否预料了自己在现代文坛中的一番作为?人生的前方是不可预设的,只要走下去,无论往哪里,总是有机会闯出一番新天地。为之,难者亦易矣;不为,易者亦难矣。

路是脚蹚出来的。做人如此,做事也如此。很多时候,我们未必事事都能"算定而后动",先"走"起来,问题或可迎刃而解。因此,迈开脚,走走看,往往是突破当下困局的良方。两千多年前,在礼崩乐坏的混乱时代,正是勇于前行探索的诸子,奔走列国,传播自己的救世主张,这才在激荡融合中厘清了思想,重建了秩序;而四十多年前,安徽小岗村几户农家"大包干"的勇敢尝试,无意中为全国农村土地改革闯出了家庭联产承包责任制的新路。很多困局,我们没有先知的指点,唯有"摸着石头"才能"过河"。其要义正在于"先干起来",在实践中总结经验,摸索路径,找到前路。

因此,"不怕慢,就怕站"。站着不动,空做一番前方的规划与遐想,把自我的可能性一一否定,把攻略、预案做得天衣无缝又反复推倒重来,最终陷于无尽的内耗,一事无成。荀子说:"道虽迩,不行不至;事虽小,不为不成。"不行走,就没有前途。

道理如此,实践却难。走岔了路怎么办?走错了时机怎么办?在我看来,这一类质问其实犯了一个逻辑的错误:不走,怎么知道对还是错?不走,怎么知道早还是迟?行走还是停留,不仅是智慧、勇气的抉择,更取决于我们对人生、时间、命运等宏大命题的理解。有的人情愿画地为牢、坐困一隅,有的人却敢于踏出一步、探索未知。归根到底，是人生识见的不同。所以，不要嘲笑那些总在尝试、总在碰壁的人，人生本就是一首流淌的诗，无论去哪，总要先行；行而不辍，未来可期。

因此，当我们困惑，当我们迷茫，不妨停止内心的纠结，先走走看看，再看看走走。鲁迅说："其实地上本没有路，走的人多了，也便成了路"。我想这话是不错的，青年人尤其应该有行走的果敢与勇气，于无路处前行，走出属于自己的精彩未来。

5. 构思解析

这是一道自拟题目的作文，我在下笔之前很是动了些心思。请大家比较"做勇于前行的人"和"做勇于行走的人"，为什么本文的题目没有取前者？也就是为什么用"行走"而不肯用"前行"？

很多同学的题目中有"前行"二字，或者相关的意思。比如"一往无前""勇于前行""找到前行的方向"等等。这是读题不够仔细所致，把"往哪走，都是往前走"草率地理解为"人要勇敢往前走"。

这句话的重点是"走"，不是"往前走"。我们是不知道"前"在哪的，如果都知道要"前行"了，哪里还会迷茫？因此，我这里的题目只说"行走"，不说"前行"。

我们拟题目，首先要做到准，不要从题目这里就跑题。题目既要切合题意，又要简明扼要地表达自己的观点，或点出核心论题。其次我们才要考虑文采的问题。我们可以没有文采，但是不能没有准确。

文章开篇，顺承题意先从人生的迷茫说起，在迷茫的情形下，才凸显了"往哪走，都是往前走"的智慧和勇气。请大家注意本段的中心句："不是前方规定了走向，而是行走塑造了前方。"在句式上设计为前后对称，一正一反，来增强它的辩证色彩。

接下来第二、三两段是论述的主体段落。先论做人，再论做事。

在第二段，论证"我们的行走创造了未来"，举出齐白石和鲁迅的例子，来证明这番道理：人终将成为怎样的人，是不可预知的，是我们当下的行动塑造了未来的我们。

我在写作第三段时首先想到了改革开放初期小岗村的大包干，这是典型的"摸着石头过河"的案例。为了使之不至于单调，我又引先秦诸子的事例，一古一今，匹配成双，这样使得文段内容更加饱满。

在这两段之后，从荀子的"道虽迩，不行不至；事虽小，不为不成"发挥出去，对"走"的道理加以分析、小结。这里提到"攻略、预案"，其实是有其现实指向的。现在网络媒体发达，我们在做很多事的时候，喜欢先拿出手机来在 App 里搜一搜：要旅游，搜攻略；要购物，搜攻略；要学习，搜攻略；连玩游戏也要先看攻略！仿佛没有确定性的方向，我们就忐忑，迈不出行动的第一步，多累啊！我想，这是此题给我们的现实启发。

当然，很多人会问："走错了怎么办？"这是很自然的一问。不过，有的同学会自动屏蔽此问，不给自己找麻烦。其实，我们真有一问，就说明这里存在真问题，是值得讨论一下的。

不过，考虑到这个问题容易纠缠不清，占用过多的篇幅，本文只是从两个角度轻轻带过：首先是从逻辑上否定这一问的成立性，即所谓对还是错，必须走了才知道；不走，就没有对和错。因此，怕走错了就不走，是不合乎逻辑的。其次是站在更高的角度，指出走还是不走，其实是由人的见识、胆量、性格决定的，可知不敢行路乃是一种认知的局限。

在文章下笔之前，其实我已想到了鲁迅关于"路"的格言，但我没有一开头就用。因为鲁迅这句话，说得太通透了，一拿出来，底牌就亮明了，倘若用在开头，与本文逐层推进、渐次明朗的整体布局相违。用在结尾，作为全文的收束，强化勇于行走的主旨，如此更为妥帖。所以，有些时候我们想到了一些经典的名言，别急着用，先想想用在哪里最合适，最能出效果。

6. 强化练习

> 纵观历史，个人、民族、国家，乃至人类社会整体，其发展常常不是一帆风顺的；放眼当今，席卷全球的疫情正在考验着我们……人类的发展，总是伴随着与灾难的斗争；个体的生命，也常常在经历灾难后得以升华。灾难，除了带给我们伤害，还带给了我们许多有价值的东西……
>
> 请以"灾难带给我们的"为题，自选角度，写一篇议论文。要求：观点明确，论据充实，论证具有逻辑性，语言得体。

现象类作文

一、明确评论的角度

1. 典型例题

> 前些年,山东省发行了以孔子为主题的福利彩票,该彩票选用儒家经典著作《论语》中八句名言作为中奖符号,对应彩票的八个奖级,是中国第一款以孔子和儒家文化为主题的即开型彩票。
>
> 对此,你有何看法?请自选角度,自拟题目,写一篇不少于700字的议论文。

2. 题型概说

现象类作文,顾名思义,就是对一个事件、一种现象发表评论。有时所评论的事件、现象是当下发生的,我们也称之为"时评类作文"。不过,题中的事件、现象倒也未必都是特别新鲜的时事,有时候可能是一个历史事件,甚至是文学作品中的虚构事件,我们也将其归纳到现象类作文里来。

我们去评论一件事,或者一个现象,主要是从以下层面展开:

性质:透过事件、现象的表面,探讨其本质,找到它的上位归属。

原因:事件、现象发生的原因是什么,包括直接的原因、根本的原因。

影响：事件、现象有什么积极的影响，或者有什么消极的影响。

对策：我们应该如何应对这类事件、现象。

启发：这个事件、现象给我们怎样的哲理启发。

当然，写作中肯定不能面面俱到，肯定是要有所选取、有所侧重的。不同的题目，它适宜发挥的地方是不一样的。

评论一个事件或现象，最重要的就是找到一个合适的评论角度，不宜面面俱到。我们可以把"角度"理解为认识、分析一个事件的出发点或侧重点。当社会上发生了"孔子彩票"这个事件，我们可以从文化普及的角度来分析，也可以从彩票销售形式创新的角度来分析，还可以从打造地域文化名片的角度来分析，也可以从比较消极的角度——文化泛娱乐化的角度来分析。当然，这里肯定有最合适的角度。

找到了角度，我们才能在此角度下明确立场，进而才能构建评论的层次。有了角度，我们关于此现象的各种想法才能有所取舍，继而收纳进一个逻辑中。否则我们就会不知所云，东一点西一点，文章写得零零碎碎。

3. 解题点拨

现象类作文，首先要搞清楚我们要论的这个事件、现象的要点在哪里。材料中这个事件的要点，在于彩票和《论语》的结合。我们从《论语》和彩票的性质来看，《论语》是传统文化经典，是严肃文化；"彩票"则是一种大众娱乐形式，具有通俗、日常的性质。那么，《论语》与彩票的结合，其实质是严肃文化与娱乐载体的结合。这种结合好还是不好？从这里出发，才会抓住要害，评出内容。

以往的写作中，有的同学因为抓不住要点，对事件本身认识不清，所以产生评错了、评歪了的问题。比如，有的同学会特别关注

"八句名言对应八个奖级"这个点，认为名言不分高低贵贱；有的同学会去臆想人们买到彩票以后，是否会去查一查票面《论语》的意思……我们会发现，在考场上现象类作文的跑题率是非常高的。某种程度上，现象类作文首先考查的不是写作，而是阅读。

接下来，我们应该先明确论述的角度。我们反对，是从什么角度反对的？我们赞同，又是从什么角度赞同的？比如有的同学会从捍卫文化经典严肃性的角度来反对将《论语》印在彩票上，呼吁警惕"娱乐至死"；相反，有的同学会从文化传播与普及的角度来论述这一创新行为对《论语》走进大众、走进生活的意义。文章可以由始至终从一个角度讨论，力求层层深入；也可以从 2~3 个角度去论，呈现认识的广度。

写作本文，一定要注意从事件本身出发，先把"《论语》彩票"这件事本身论清楚。有的同学一上来就将话题大而化之，大谈当下的文化创新或者传统文化的传播问题，泛泛地抛出一些空洞的原则，讨论一些其他的事件，这就不切题了。比如有一位同学，一上来就写了这样一段：

> 文化知识的泛娱乐化，还会使社会变得浮躁。没有了彩票的超级奖项，我们还能否静下心来在桌前读完一章《论语》？没有了百科网站上好玩的科普视频，我们还能否耐着性子了解一个我们从未接触的知识？手机放在手边，我们还能否静心地享受学习知识的乐趣？这些，都是商业公司和媒体泛娱乐化所带给我们的。而潜心钻研是中国实现核心技术突破、推进科学进步所依靠的栋梁之材的核心特质之一。

我们会觉得本文写得似是而非，好像在说这回事，但似乎又有些游离和空泛。该同学也并不是从《论语》与彩票的结合本身出发，去分析这种结合的性质如何、具体结合的水平怎样，而是一上来就扣了大帽子"泛娱乐化"，说"空"话，说"大"话。接下来就说到了与题无关的科普视频、手机、核心技术，实际上已经越说越远了。

我们写时评，当然不能就事论事，也是需要联系一些相关的现象来谈的。但是这些现象应该与材料现象属于一类现象。比如说在古代，有所谓的诗词酒令、"四书"酒令，这些在《红楼梦》里就有。在当代呢，有《经典咏流传》、故宫文创这一类文化创新，它们都是严肃文化与流行载体的结合，与《论语》印在彩票上属于同一类事件。如此联系，才具有由点及面的效果。

4. 示范启发

飞入寻常百姓家

东海钓叟

"君子喻于义，小人喻于利。"这是《论语》中的名言。然而不久前，山东省一款即开型彩票竟然以《论语》名言为中奖符号，把《论语》与圣人颇为鄙薄的"利"捆绑在一起，似乎悖逆"天理"。不过我却觉得，我们对此本不必紧张，更应看到这其中的积极意义。

把《论语》印在彩票上，不过是彩票设计与营销的小小匠心。倘若有人因此痛心疾首，以为斯文扫地、国将不国，那未免小题大做了些。请看《红楼梦》中的酒令，多有以诗词入令的；明清之际还有"四书"酒令，即以"四书"句子入令。这些不仅未见得庸俗，反而愈见古人的通透与雅致，令我们心向往之。反观我们今天，社会中弥漫着一种紧张的空气，经典文化"碰"不得，恨不得供起来才好，这倒是小家子气了，更不利于文化的传播。

因此，进一步讲，此种彩票及其类似的娱乐活动不仅无害，反而有益。彩票流行程度高、购买门槛低、覆盖阶层广，可以说"士农工商"皆有与矣，大可拓展《论语》的传播广度。前一阵子的综艺节目《经典咏流传》，把古诗词用现代音乐演绎出来；又如单霁翔执掌故宫，用文创产品、灯光秀等现代手段，使600年垂垂老矣的故宫焕发了生机。再比如前些年的国学热、《百家讲坛》热，以及近些年网络上的各种各样的国学课，水准与质量且不论，这一类"借东风"的举措，激发大众对传统文化的兴趣，推动优秀传统文化的传播，其功劳是不可抹杀的。由此看来，借着彩票的发行，让更多的人记住哪怕一句两句《论语》格言，岂不是一件文化传播的功德么？

此外，我还想到更深的一层意义。《中庸》讲"道不远人"，《论语》也说"文武之道在人"。可见，真正的"文武之道"从来就不是端坐于典籍之中、供奉于神台之上的，而是活生生地行走在人间。譬如上文提到的酒令，既是文化走入娱乐，又是娱乐融入文化。事实上，那些将文化与生活打断为二的念头，才是真正的心有执念，不能通达。体用合一，雅俗非两。《论语》彩票，正是当下文化生活化、生活文化化活生生的典范。

诗云："旧时王谢堂前燕，飞入寻常百姓家。"真正的文化，是敢于走向大众的，是乐于走向大众的。只有飞入百姓之家的文化，才能鲜活，才能久长。如此看来，"四书"作酒令也好，《论语》入彩票也罢，其实又有何妨呢？

5. 构思解析

《论语》印在了彩票上，首先令我想到刘禹锡《乌衣巷》的名句："旧时王谢堂前燕，飞入寻常百姓家。"这句诗常常被用来形容昔日高雅的文化与事物如今普及开来，走入人们的日常生活之中。以此为题，开篇即明确本文的立场。

文章从文化传播的角度入手，来谈这一事件的积极意义。第一段先从反面的看法引入，然后话锋一转提出中心论点："我们对此本不必紧张，更应看到这其中的积极意义。"请大家注意，接下来的行文，就是先谈"不必紧张"，进而谈"积极意义"，文章形成递进的布局。

所谓"不必紧张"，即第二段所论。首先，点出此次事件"不过是彩票设计与营销的小小匠心"，无关文化兴亡的大局；其次，援引古代的类似现象，说明古已有之，事有渊源；最后，深入一步，分析我们对此事紧张、反对的深层原因，即一种焦虑的文化氛围。总而言之，过激的反对大可不必。

接下来用一个过渡句"此种彩票及其类似的娱乐活动不仅无害，反而有益"引出下面两段对"积极意义"的探讨。

在第三段中，先点出彩票的特点——"流行程度高、购买门槛低、覆盖阶层广"，因此《论语》印在彩票上，具有很好的传播效应。很多同学在文中也持此观点，但是却没有这个论说过程，显得单薄。接下来举出时下热门的相关现象，由点到面，拓展开去，从就事论事跳脱出来，得出"这一类"的意义——"激发大众对传统文化的兴趣，推动优秀传统文化的传播"。

第四段再进一步，进入对深层意义的探讨。从这一事件中，我们看到一种文化观念的生发：再高雅的文化，也是要"活生生地行走在人间"的。这一段着眼的不再是此事件的实际效用，而是深入其背后，分析这其中蕴含的观念，反映出来的文化精神。在对比论述中，明确了两种心态的正误、高下之别。

文章的最后，呼应题目，点明文章的主旨："真正的文化，是敢于走向大众的，是乐于走向大众的。"随即回扣"《论语》彩票"事件本身，正是要做到放得出去，收得回来。

6. 强化练习

> 81岁的中国科学家屠呦呦，在1972年发现了治疗疟疾的药物青蒿素，因而拯救了全球数百万生命，最终获得国际生物医学大奖"拉斯克奖"。屠呦呦及其500余人组成的科研团队协力攻关，从《肘后备急方》等中医古典文献中获取灵感，系统整理历代医籍，查阅大量地方药志，四处走访老中医，做了2 000多张资料卡片，仅对青蒿素的试验就经历了190多次失败。经过多年的艰苦努力，淘尽黄沙始得金，最后才取得现在的成绩。
>
> 屠呦呦的成功给我们很多启示。请根据以上材料，自选角度，自拟题目，联系实际，写一篇不少于800字的议论文。
>
> 要求：观点明确，论证合理。

二、丰富评论的层次

1. 典型例题

> 据报道，某中学校园里开了一家经营特殊业务的"善行银行"。学生的善行义举在这里被折算成一定分值，以"道德资产"积分的形式记录在存折上。存折上的积分将作为学生操行评定的依据，也可以用来在校内的食堂、小卖部等处消费。这一做法引起了人们的热议。
>
> 对此，你有怎样的看法？请自选角度，自定立意，自拟题目，写一篇不少于700字的议论文。

2. 题型概说

有的事件是比较简单的，比如"《论语》彩票"，我们抓住了"《论语》印在彩票上"这个核心，就抓住了写作的纲，就能展开讨论。但是有的事件是比较复杂的，不仅要抓它的纲，还要寻它的目。也就是说，有的事件、现象是有多个要点的。我们不仅要从整体上去认识，还要从具体细节上去分析。

比如下面这道微写作：

> 在新近发行的部编版语文教材中，古诗文比例大幅上升。小学6个年级古诗文总篇数占到了全部课文的30%，初中3个年级古诗文总篇数占到了全部课文的51.7%。
> 请谈谈你对此的看法和认识，180字左右。

很多同学看此题，只看到了"语文教材中古诗文比例大幅上升"这个整体，进而展开议论。那么，赞同这一举措的，则论述学习古诗文的积极意义；反对这一举措的，则认为过多的古诗文学习意义不大。其实，材料中还有一些具体的要点：

第一，"部编版"教材，由此可知，此举体现国家意志，据此可以从宏观文化走向的角度加以分析。

第二，小学、初中古诗文比例虽然提高，但仍大致在30%~50%这一内区间。

第三，小学到初中古诗文比例逐渐提高，体现循序渐进。

由此，可知此现象的评论点甚多，完全不必就"古诗文学习到底重不重要"吵架。下面这份满分习作，正是因为对材料分析得透彻，层次理得清楚，才有此饱满的议论：

在新近发行的部编版语文教材中古诗文比例大幅上升这一事件着实令人喜悦。一方面，古诗文在中小学生的课本里皆占比颇高，体现了让优秀的传统文化自小便影响中国的新一代青年，使他们能在古诗文中汲取营养，丰富自身的文化内涵。另一方面，这一举动充分体现出了国家对于古诗文教育的重视，小学课本里占30%，中学课本里占51.7%，如此循序渐进的安排容易激发学生对古诗文的兴趣，提升学生对古代文学的接纳能力，增强学生心中的文化认同感，培养中国学生的文化自信。

因此，现象类作文，写作必先阅读。对于复杂的材料，必须认真梳理，分清材料的层次，既要从整体上对事件现象有上位的提炼，也要从部分、细节上对事件现象有具体的梳理和分析。

3. 解题点拨

"善行银行"这件事，核心的介绍是材料中间两句话：

学生的善行义举在这里被折算成一定分值，以"道德资产"积分的形式记录在存折上。存折上的积分将作为学生操行评定的依据，也可以用来在校内的食堂、小卖部等处消费。

由此可以得出这件事的两个层次，也是我们评论这件事的两个层次：

第一，把善行折算为积分。

第二，积分的作用：作为操行评定依据，用来消费。

对于第一个层次，有一个写作的误区，就是拘泥于技术层面的讨论，看不到问题的实质所在。比如，有的同学的质疑点在于学校如何把善行折算为积分，折算得公平不公平，谁来证明学生的善行之类。我们要追根溯源，从根本处来评论这一"折算"。

比如，这种"折算"的出发点是什么？善行应该被折算么，也就是说作为美德的善是否可以量化评比？刘备说过"勿以善小而不为"，小善是不是一定就该比大善得分低？这一系列的追问，是从"善"与"折算"的本质出发的。

我们还可以扣住"积分"的"积"来讨论。《劝学》里说，"积善成德""圣心备焉"。在"善行银行"中特别强调分数的积累，是否也是一种积极的引导呢？

在第二个层次中，我们注意看激励的方式：操行评价和消费。这二者的特质是什么？那就是功利化、物质化。我们不禁要问了，以功利化、物质化的方式奖励善行有什么合理之处，又有什么不合理之处？当然我们可以说，这类奖励是实实在在的，也可以说这类奖励的导向有问题。我们只要自圆其说即可。

最终，我们要思考：这种奖励对学生的成长有何影响？是的，"成长""教育"才是我们评论此事件的根本出发点，是我们写作本文的最佳角度。因为"善行银行"它不在别处，而在学校里。我们所有的分析议论，最终都要落在学校教育这个要点上。

所以，我们也不必多谈它的社会意义，要着眼于它与校园的关联。比如，"善行银行"对校园氛围的影响，"善行银行"对学生行为方式的影响，"善行银行"对学生是非善恶观念的影响，等等。

4. 示范启发

不堪折算的善行

东海钓叟

近期，某中学校园开设一家"善行银行"，将学生善行义举折为分值，不仅作为评定操行的依据，更可供校内日用的消费，引发了人们的热议。我以为，此举虽有引导学生日行一善的积极意义，但也有不少令人忧虑之处。

善行的养成，善性的熏陶，诚然是需要积累的。荀子《劝学》里讲"积善成德，而神明自得"。美德的养成，实质是习惯成自然，由量变而质变，朝夕乾乾，进而成其恒德。因此，从这个角度来看，学校以此种形式鼓励学生"积善"，寓德育于日用之间，不啻为德育手段的一种创新。

然而，此举或许可收一时之功，却未必堪作长久之计。其中一弊，便在于以"资产"之名、"消费"之举，来物化善行，使得义利混淆。《论语》讲"君子喻于义，小人喻于利"。义利之辨，分析甚明。《孟子》开篇便讲四个字"何必曰利？"。我们修身行善，绝不为自身而外的目的，其初心更不应在一个利字上。"大学之道，在明明德"，"一是以修身为本"。用食堂、小卖部的一包零食、一瓶饮料来激励善行，其实质是用利来奖赏义，这是逻辑上的悖论，更是实践上的误导。

诱之以利益，本就不甚高明；而导之以分值，更不堪倡导。凡事，一经折算便有高低大小的度量，而道义与良善是不论大小与多寡的。救死扶伤，诚是一善；举手之劳，也是一善。日行一德，固然善哉；偶行一善，亦当赞美。这怎么能加以折算评比呢？更令人忧心的是，该校把积分作为学生操行评定的依据，本质上是把学科评定的老办法粗暴平移，使得德育成为学科考试之外的又一"内卷"的战场，无疑是强化了行善的功利性。

良善之高，就在于超脱功利；德育之难，则在于不堪量化。历史已经证明，道德的功利化与计量化，只能开出两朵"恶之花"：一是做作的善，二是虚伪的德。譬如汉代为选拔人才而推行的察举制，依据德行来授予功名,其初心固然不错,然而行之已久,则积弊重重。造成所谓"孝廉"既不孝也不廉的荒唐局面。一切美德,在功利与计量的导向下,终将成为表演,成为谋利的工具。因此,诱之以利,衡之以分,"善行银行"的办法,形式上虽有创新之处,精神里毕竟还是陈旧了、狭隘了,久而久之,未免产生负面的影响。

在今天以"立德树人"为气质的教育改革浪潮中,该校勇于在常规教学之外高举德育的大旗,开拓新的德育形式,其勇气可嘉,其初心可敬。因此,把"善行银行"作为特色活动调节校园学习生活并非不可,只是万不可仰赖倚重于此。堂堂一校,终应以堂皇正大、持中持正的方式来育其人、养其德。少一些功利的"折算",多一些计之长远,多一些润物无声。

5. 构思解析

我们写现象类作文,最好在题目中就明确观点,使人一看即明,快速进入文章分析论述的语境中。

本文对"善行银行"是持否定态度的。但是别急,我们认识问题,应该有一种让步思维。要说一件事情好,不妨先退一步说说它的不足;要说一件事情坏,也不妨先退一步谈谈它的优点。这样,不仅文章层次更显丰富,我们对问题的认识也更显成熟。因此,文章的第二段,扣住"积分",肯定它"鼓励学生'积善'"这一正面作用。

第三、四两段是文章的主体,分别针对"善行银行"这一事件的两个层面展开分析,论述其负面作用。

第三段先从"积分消费"和善行的性质出发,结合"义利之辨"这一传统儒家哲学思想,指出这里存在的逻辑悖论,即用利来褒奖义,反而消解了义本身的意义。接着分析了其在实践层面或可发生的误导。

第四段从"折算积分"来分析。本段首先点出善行不论大小，众善平等，得出善行是无法量化折算的。其次指出强行将善行量化，不仅与善的特质相矛盾，而且存在弊端。

第五段首先收束上文，把"善行银行"的弊端总结为功利和量化。接着延伸开去，从更为宏大的视角来分析"善行银行"这一类举措的问题。汉代的察举制，正是把德行作为一种晋升的"积分"，最初或许能选拔出不少忠贞孝廉之士，最后却兴起伪善之风。由此来看，"善行银行"，其弊端岂不大哉！

文章的最后一段，终于点出了"立德树人"这一终极主题。我们探讨"善行银行"的利弊，归根结底，其依据在于"立德树人"。倘若从这一主题来看，"善行银行"初心固好，却奇而不正，缺乏长远之效。至此，从根本上给予"善行银行"以定评。

整体来看，写好这篇作文，既要有大方向上的评论，也要有具体要点的分析。如此才能有总有分，有纲有目。

6. 强化练习

陆步轩，曾经的高考状元、北大才子，在34岁的年纪，他被迫开始了杀猪剁肉的买卖，他说"自己从来没想过会从事屠夫这个行业"，甚至说"我给母校丢了脸，抹了黑，我是反面教材"。人们也对他的选择争议不断。十多年后，陆步轩将自己的黑猪肉农产品"土猪壹号"在北京农展会上展卖，同时还把自己的新书《北大屠夫》的签赠设在展台上，一时吸引不少人。

以上材料引发了你怎样的联想和思考？请以"不一样的选择"为题，自选角度，写一篇议论文。

要求：观点明确，论证合理。

三、寓言类素材解析

1. 典型例题

> 先前，遥远的维拉尼在一个贤明国王的统治之下国泰民安，百姓富足。然而有一夜，在全城都已入睡之后，一个邪恶女巫来到城中，在城中唯一的一口井中滴入七滴药液，并宣称："此后再饮井水者必定变为疯子。"次日晨，全城居民——除了国王和侍从长——都饮了井水，并果如女巫所言变为疯子。当日，全城居民都在交头耳语："我们的国王和侍从长疯了，我们必须罢黜他！"入夜后，国王令侍从长取来满满一金杯井水，两人一饮而尽。翌日，遥远的维拉尼城一片狂欢，人们庆祝国王和侍从长恢复了"理智"，国王也庆幸自己保住了王位。
>
> 读了这个材料，你有何感触？请在全面理解材料的基础上，自选角度，自拟标题，写一篇不少于700字的文章。

2. 题型概说

此题的材料给出了一个寓言故事。所谓寓言，即通过假托的故事来说明一种哲理，或者反映某种社会现实。这假托的故事，有可能是虚构的，也有可能是真实发生的。写作的重点，不在这故事本身，而在于这故事所反映的现象。

寓言往往具有隐喻性，它借助故事来暗示读者，而非直接点明观点。写作之前首先要解读寓言，我们可以参考下面的几点技巧：

首先，抓住故事的主要人物。须知寓言的寓意往往是在主要人物身上呈现的。我们要厘清主要人物的故事线，体会故事对主要人物的情感倾向：是肯定褒扬，还是否定批评，抑或是一种理解同情？

其次，理解核心事物的寓意，要抓住关键的意象、行为，思考它们的象征义。比如女巫的"毒药"、人们和国王"饮水"，对应着现实社会的什么事物和行为？

再次，留心关键句子。在寓言故事中，某些句子是提点中心的。还有某些句子别有深意，我们不要将它们轻轻放过。比如本材料中"国王也庆幸自己保住了王位"，就揭示了国王饮水的动机，我们也由此可以展开深层追问。

最后，联系生活，寻找寓言和现实的结合点，瞄准现实问题发力，文章才抓住了要害。

此外，寓言的解读是具有多向性的，我们可以从多个角度来理解它、阐发它。有的题目是可以从任意的侧面来展开写作的，而有的题目则有最为适宜的切入点。比如此题，必须从国王、侍卫长的角度切入，才抓住了核心。面对此类寓言，我们要想一想，从哪个角度来展开论述更能挖掘这则寓言的深意，更能使我们有所发挥。选好角度，依然是写好本类文题的关键。

3. 解题点拨

这个寓言故事，最值得解读的地方有三处。

第一，女巫投毒，众人变成疯子。

在国泰民安的维拉尼，仅仅因为女巫的一次投毒，就变得举国皆疯。这里寓意着现实中人们是非常容易被误导的。一个荒谬的谣言，一种拙劣的价值观，在理性的观照下是多么脆弱，却如同超强病毒一般有着非凡的复制能力，侵蚀人们的心智。使得原本头脑健全的人，成了古斯塔夫·勒庞所谓的"乌合之众"。

第二，没有发疯的国王和侍从长被视为疯子。

更为可怕的是，当所有人都疯了，没疯的人却被视为疯子。国王和侍从长在这里成为屈原一般"举世皆浊我独清"的清醒者。他们象征着在混乱、堕落之中依旧坚持理性或者秉持道德的人物。他们往往不仅不被视为灯塔，反而被视为异类，被唾弃与敌视。自古以来，坚守真理的人不仅是少数的，而且往往还要承受着巨大压力。

第三，国王和侍从长主动变疯。

国王和侍从长并没有选择坚守清醒，而是选择了"与民同疯"。这并非出自一种和光同尘的胸襟，而是处于一种安全与利益的考量——保住王位。多么具有现实意义啊！很多时候我们选择从众，最终放弃自我，除却无知的盲从，还有对诸如利益等客观因素的屈从。

在本故事中，国王是故事的主人公，也是我们解读寓言的重点。在国王这里，我们看到的是一位社会上可贵的独醒者，是如何为世俗所误解和逼迫，最后又如何屈从世俗，放弃了自己的原则。这就是本题所要重点论述的现象。

从这里出发，我们可以就以下几个问题展开思考：

环境对个体的影响是怎样的？

有的人选择放弃自我、随波逐流，原因是什么？外因在哪？内因在哪？

有的人选择坚守，原因又是什么？这种坚守的意义何在？

最终，我们应该如何抉择？

我们不妨结合历史上的相关人物来展开分析。比如上文提到的屈原，"自疏濯淖污泥之中，蝉蜕于浊秽，以浮游尘埃之外，不获世之滋垢"，宁愿赴死也要保持自身品性的清白，不愿与世俗同流合污；再比如孔子，"知其不可而为之"，孤独地坚守着复兴周礼的理想；在西方，如布鲁诺，为科学而身死烈火之中；如马克思，为传播真理而遭到欧洲多国的驱逐……

而在当下的自媒体时代，舆论的力量更加强大，我们往往在自觉不自觉之间，被网络的意见裹挟前行，饮下女巫的"毒酒"。甚至畏惧网络的暴力，不得不跟风发言，怯于表达真实的意见，丢掉了自己的原则。由此看来，维拉尼的寓言又颇具现实意义。

4. 示范启发

论多数者的枷锁

东海钓叟

法国的卢梭曾经说过："人生而自由，却无往不在枷锁之中。"而在维拉尼，这枷锁正是所谓的多数者的目光。在这枷锁之中，高贵如国王，亦不得不饮下毒酒，与民同疯。这不禁使人联想到千百年来，人世间何尝不在上演维拉尼的悲剧？

古斯塔夫·勒庞在《乌合之众》中谈到，一个人的个性常会被群体淹没，他的思想会被群体的思想取代。倘若一个人固执地自我独立，那么多数者的凝视便会将他团团围住，视之为异端。所以，每当有振臂高呼的战士，必有"识时务者"敬赠以嘲讽，甚至是刀枪。正如《狂人日记》所言：所谓吃人的社会，便是人人都吃人，我不去吃人，人家就要来吃我；人人都狂癫，我不狂癫，人家就要视我为狂人。这正是如国王一般的独醒者所面临的困境。

于是，有的人也就顺势沉沦，饮下毒酒，沉浸于荒唐的狂欢之中。正如《屈原列传》中的渔父所说："举世混浊，何不随其流而扬其波？众人皆醉，何不哺其糟而啜其醨。"以众人皆是如此，来安慰那一点点违背本心的惶恐。当然，从众者或因力所不逮，故作哑然，来明哲自保，这尚可抱以同情的理解；而有的人却是为了一点点利益，违背本心，甘愿饮酒，故作疯癫。君不见，一众网络大V，为了讨好网民，圈住粉丝，屡作奇谈；知名学者，为了逢迎潮流，为自己的研究贴上时尚的标签。

如此，便更可见那些敢于拒饮毒酒之人的可贵了。他们是鲁迅笔下奔跑于莽原上的孤独的战士，他们不畏得失，敢于冲决罗网，用呐喊与鲜血，为人类的这一点点求真求善的愿望，奉上微末的祭奠。譬如孔子，孤独地奔走于中原大地，反复宣讲着那可笑的理想；又如屈原，不肯屈就一点，怒投汨罗，捍卫自身的高洁。王国维先生因不肯与当世合作，自沉于昆明湖，陈寅恪先生说："思想不自由，毋宁死耳。""先生以一死见其独立自由之意志。"

历史所铭记的，永远是临刑东市的嵇康，那手挥五弦、目送归鸿的潇洒。正是这些不愿意饮下毒酒的人，彰显了人之为人原本的高贵，为后人树立了独立自由的价值坐标。

当然，我绝非要苛责每一位在现实中屈从于这枷锁的普通人。孔子说："德不孤，必有邻。"不过是一种悲壮的自我鼓舞与打气。"德"向来是要孤守的，敢于遗世独立的人总是少数。我们每一个人，未必有如孔子、如屈原那种昂然前行、慷慨赴死的勇气。我只是深深地为那些坚守良心的英雄而感慨，为那些最终放弃的妥协者感到无奈与悲哀。只是希望我们不要如维拉尼的国王，既饮毒酒，还要为"保住王位"而沾沾自喜。

清者自清，浊者自浊。愿我们在滔滔尘世之中努力保有一份清醒，摆脱枷锁，不要在"多数者"中迷失了自我。

5. 构思解析

文章开篇，首先对寓言材料加以提炼，明确其现实指向。维拉尼民众对国王的影响，象征了现实中多数者对个体的胁迫。文章将这种胁迫比喻为"多数者的枷锁"，下文由此展开分析。

文章在第二段对多数者如何成为个体的枷锁展开深入分析。这里首先援引古斯塔夫·勒庞的《乌合之众》，对大众心理的影响机制予以说明。接着引鲁迅的《狂人日记》，又将这一影响机制予以形象化解说。这是多数者的威力，也是个体的困境。

于是，在多数者巨大的威力之下，个体不得不从众了。寓言使我们看到个体在环境中是脆弱的，举世滔滔之中，怀瑾握瑜的独醒者，即使不致孤愤而死，也往往被巨大的孤独感吞噬。当然，还有一种从众者，乃是为了在从众中保住自己的利益，正如材料中"保住王位"而沾沾自喜的国王。

可见，人能够在多数者的胁迫下保持独立的自我是何等难事，不仅要顶住外界的压力，还要克服内在的私心。那么，敢于突破枷锁，保持独立人格的人就显得格外高贵了。接下来就列举孔子、屈原、嵇康等人物，呈现不饮毒酒的悲壮和伟大，他们彰显了人的高贵，为后来人树立了价值的坐标。

文章第六、七段，进入收尾，把话题拉回"我们"——普通人。文章没有对从众的普通人大加批判，而是抱以同情。普通人之所以是普通人，就在于没有非凡的勇气与智慧，这没有什么值得嘲讽和批判的。高标固然具有导向的意义，但是我们不能拿英雄人物的标准来傲视、鄙薄每一个普通人。因此，在这里本文表达了两层意思：首先，对于妥协者表示无奈与同情；其次，我们毕竟不能没有丝毫的底线，不可主动从众，更不可为从众而得意。

最后，申明主张，呼吁我们依然要在红尘滚滚之中，努力探索保持精神独立和个体尊严的可能性。

6. 强化练习

"二战"期间,为了加强对战机的防护,英美军方调查了作战后幸存飞机上弹痕的分布,决定哪里弹痕多就加强哪里。然而统计学家沃德力排众议,指出更应该注意弹痕少的部位,因为这些部位受到重创的战机,很难有机会返航,而这部分数据被忽略了。事实证明,沃德是正确的。

综合材料内容及含义,选好角度,确定立意,明确文体,自拟标题;不要套作,不得抄袭;不少于800字。

四、提升评论的站位

1. 典型例题

在央视一档原创文化传承类综艺节目《叮咯咙咚呛》中,歌手尚雯婕和非物质文化遗产"渔鼓道情"传承人苗清臣一同合作。尚雯婕在唱《夜之缪斯》时融入了一段《三国演义》名段、花腔渔鼓《要荆州》,她一开腔唱的是法语,对此主持人称赞:"传统与时尚的结合,同时跨越了音乐的国界,给人耳目一新之感。"评委却质疑:"对于这种非物质文化遗产项目,我不太喜欢你们用外国语言来唱。"这件事在网上也引发了争议,网友们就经典传承的问题展开了讨论。

以上几则材料,引发了你对"文化传承"怎样的联想和思考?请联系现实,写一篇议论文。

要求:任选角度,自拟标题,有理有据,论述充分。

2. 题型概说

苏轼诗云："不识庐山真面目，只缘身在此山中。"

评论事件、现象也是一样，如果我们不能跳将出来，从外围或者高处来看待事件，就容易陷入"公说公有理，婆说婆有理"的争吵。譬如说此题中尚雯婕的表演，主持人称赞，评委却质疑。称赞有称赞的道理，质疑有质疑的理由。我们写作文当然是要表态的，但是我们不希望只是简单加入主持人或者评委一方，简单复述本方观点，提高本方论述的音量。

这时就需要我们能够站在一个更高的视角上来看待这件事，从更高的维度来给予这件事一个评价了。请看这样一道题：

> 一百年前，我们的祖辈在《新青年》中呐喊："以青春之我，创建青春之家庭，青春之国家，青春之民族，青春之人类"。建国初年，我们的父辈在《青春万岁》中高歌："我们有力量，有燃烧的信念，我们渴望生活，从来不淡漠"。今天，我们这样表达自己的心声："谁的青春不迷茫/我的青春我做主/再不疯狂就老了……"
>
> 上面的材料引发了你怎样的联想和思考？请自选角度，自定立意，自拟标题，写一篇议论文。不少于700字。

不知大家看到此题做何感想。在考场上，很多同学读完题目，想都没有想，便拿起笔来展开对本届青年的反思与批判：我们不该迷茫、我们不该任性、我们太疯狂了……总之，我们得向祖辈、父辈学习。这就叫作人云亦云，没有高度。

而有一位同学，却拟了这样一个题目《可喜的迷茫》，在他看来，如今青年人的迷茫，某种程度上源于社会的进步：

我们之所以陷入了迷茫，首先是因为时代给了我们独立的可能，赋予了我们选择的权利。无论是出国留学跻身"海龟"之列，还是带着一把木吉他流浪天涯，都不再是一个只能出现在午夜的梦境。但就像韩寒导演的电影《后会无期》中说的："你连世界都没观过，哪来的世界观？"或许今天我们所面对的，的确是不知青春如何度过的迷茫，但我们应该意识到，"选择障碍症"的烦恼背后是拥有选择权的幸福，这一支做出选择的笔，这一次选择的机会，已经是无数人毕生所奢求的了。

——宋逸寒《可喜的迷茫》

这篇文章的根本思路，是从时代发展的角度来理解青年的迷茫，看到所谓迷茫背后的社会变迁、社会进步。作者跳出了简单的写检讨、喊口号的写作思路，"不畏浮云遮望眼，只缘身在最高层"。一旦看问题的高度上去了，很多平平无奇的现象都有了深邃的意义。

3. 解题点拨

这道题的材料有三层内容。

第一层内容介绍了这个事件。即尚雯婕在唱《夜之缪斯》时融入了一段《三国演义》名段、花腔渔鼓《要荆州》，并且一开腔唱的是法语。

在第二层，材料给出了主持人和评委对尚雯婕表演的评价。主持人持肯定态度，而评委持否定态度。这两个评价起到了提示与引导的作用。两个人评论的焦点在于传统文化与时尚、中国文化与外国文化的结合，这是在给出一个展开评论的角度。那么，文章就一定要从"结合"的角度来谈文化传承了，否则就有偏题之嫌。

第三层提到"网友们就经典传承的问题展开了讨论"。这是在提示我们，此题的写作不要局限于尚雯婕事件本身，要由点及面，就此说开去，探讨相关的经典传承问题。

谈到"文化传承"，大部分同学会本着一种守正创新的立场，主张既要保留传统的精华，又要有所创新，强调创新要适度。如此说来，观点倒是不错，只是浮于表面，未能深入。我们还应想一想：保留哪一方面的传统，又要在哪一方面来创新？为什么如此？不要笼统言之，一定要深入具体的层面。

我们先来看《夜之缪斯》，它是花腔渔鼓与法语这两种表现形式的结合，因此它的创新是在形式上的。由此可以联想到，有的文化传承应该注重精神内涵的保留而在形式上要有所创新。比如近年火爆的《只此青绿》《唐宫夜宴》等文艺节目，都是通过现代的声光电，表达传统的中国美学。如此，使得传统的美学意境为当下大众所熟悉和理解。

反过来看，有所谓新瓶装旧酒，自然也有旧瓶装新酒。有没有哪些文化传统应该保留其形式，创新其内涵呢？也是有的，比如北京地坛庙会上，会有古代皇帝祭祀仪式表演，这一类的仪式活动，我们今天从中理解的，不再是皇帝一人的至高无上，而是人类与天地自然的统一。时代在变，某些传统事物也被注入了新的精神。

4. 示范启发

走出文化传承的困境

谢紫杉　东海钓叟

文化传承本应是一个潜移默化的自然的过程，但近几年来，它却更多地作为一个社会问题，甚至是一些人内心的隐痛而存在。当又一种传统文化形式宣告濒危,又一次传统文化创新惨遭否定,我们不禁沉思:中国传统文化的传承究竟出了什么问题?

　　回望历史,我们不难发现,中国近代化的过程,也伴随着我们的文化由解构到重构的过程。在我们将旧有的技术、制度、认知步步否定后,我们的传统文化呢?它是否也是落后守旧的一部分?这种怀疑一直深深地潜藏于人们心里。而这种在步步否定中现代化的直接结果,则是文化传承的断层。加之近百年的社会动荡,社会大众连吃饱穿暖都无法保障,文化早已被置于时代的保护清单之外了。而如今当我们丰衣足食之余,回首文化传承,却发现我们的传统文化已然在西方文化的冲击下被迫退居一旁。本土文化的原生土壤破坏殆尽,文化的发展也陷入了僵局。

　　于是,便有些敢吃螃蟹的勇士力图将传统文化与现代时尚融合,来破僵局以开新局,却常常遭遇来自权威或大众的否定。在文化传承类综艺节目《叮咯咙咚呛》中,尚雯婕将现代音乐与传统曲艺相结合,用法语演绎传统艺术。实事求是地讲,将花腔渔鼓嵌入法语歌曲中,的确有损花腔渔鼓的完整性与内核。倘若从艺术的角度来分析,未必毫无瑕疵。文化创新的难点就在于此,用最恰当妥帖的新潮形式来搭配传统文化内核需要精准的把握与拿捏,分寸之间无处不在考验着艺术家对传统文化本身的理解。然而我们只是片面地不喜欢传统文化与"外国语言"的结合,以一种故步自封、唯我独尊的傲慢将之一票否定,却也有失公允。

　　如果中国文化在近代未曾受到欧风美雨的冲击,那么想必,它会沿着自身的逻辑开出现代之花,那自然是最理想的。然而事实是,传统文化与基于全球化的现代化之间,始终存在着巨大的裂痕。这使得世界上还没有哪个民族像我们一样每每在论及文化传承时是如此紧张不安、多愁善感。评委老师对非物质文化遗产与法语的结合保持警惕，从某个方面来说，正是此种心态的映射。古人有所谓的"华夷之辨"，今天我们的内心又何尝没有一层壁垒，将"传统文化"四个大字小心地保护在玻璃罩子下面，生怕外来的东西、现代的东西成为乱我雅乐的靡靡郑声。

隋唐九部乐，有龟兹、天竺、高丽诸乐，皆为国之雅乐，最终在时间的长河中融化为华夏正音。因此，我们是否可以有点耐心？给尚雯婕们一点时间，给渔鼓道情们一点时间，给所有的自发、自觉、自主的创新一点时间。

当我们站在历史的山峰上，回顾这近两百年的历史，再来看《夜之缪斯》这类颇具争议的文化事件，我觉得我们应该超然——对文化传承中所发生的自然而然的变调持静观的态度，欣赏它、咀嚼它、品鉴它，把文化传承适当与否的评判权交给时间、交给人民，以一种大气、宽容、审美的心态去看待问题，大可不必动辄悲叹斯文沦丧、国将不国。能够守正，敢于创新，拥抱时代，吸收外来，我想，这才是真正的文化自信。

或许，某一场京剧的表演中穿插了太多的声光电，某位书法家跳出了颜柳欧赵的传统，某游戏中解构了历史人物的形象……别急着愤怒与唾弃，不妨等一等。我相信，我们终会走出文化传承的困境。

5. 构思解析

文章开篇，先点出当下的文化传承危机，抛出文章的中心话题：中国传统文化的传承究竟出了什么问题。有的时候，文章的中心论点比较复杂，不宜开门见山，我们也可以在首段只抛出中心问题，后文逐层讨论，逐步呈现观点。

文章的第二段忽然宕开一笔，跳出了材料，回溯历史，探讨了近二百年来我们的文化"由解构到重构的过程",分析当下文化创新陷入僵局的根本原因,在于"本土文化的原生土壤破坏殆尽"。很多同学要问:文章写了三百多字,还不赶紧分析材料么?写这一段在做什么?

别急,下文忽然一转,正是在这一背景下,当下"有些敢吃螃蟹的勇士力图将传统文化与现代时尚融合,来破僵局以开新局,却常常遭遇来自权威或大众的否定"。因为近二百年的文化激荡,我们今天的文化创新便分外困难——"用最恰当妥帖的新潮形式来搭配传统文化内核需要精准的把握与拿捏,分寸之间无处不在考验着艺术家对传统文化本身的理解"。我们可以指出包括尚雯婕在内的某一次文化创新中的具体不足,但是不应该从原则上否定这种创新,因为这本身就是文化重构的必经之路。

再往下一段,更加深入分析一种社会心理,即"每每在论及文化传承时是如此紧张不安、多愁善感",这当然也是近代文化困境之下的产物。你看,文章没有针对某位评委个人,而是将其看法置于社会大背景下,明了其历史的根源,那么其局限性也就不证自明了。

直到第五段,文章终于从正面给出了对《夜之缪斯》的评价——"给尚雯婕们一点时间,给渔鼓道情们一点时间,给所有的自发、自觉、自主的创新一点时间"。进而在第六段上升到这一类文化创新的讨论,主张"对文化传承中所发生的自然而然的变调持静观的态度,欣赏它、咀嚼它、品鉴它"。在前文的一系列铺垫下,这一结论是水到渠成的。

行文之中,既有对《夜之缪斯》事件本身的细致分析,也有相关的拓展延伸,隋唐的九部乐、戏剧的声光电、书法界的字体创新,俱是一类现象,随手援引,点到即止,佐证文章的观点。

现在我们再次回到文章的第二段,这不是一个跑题的段落。它欲擒故纵，先跳出去，为后边杀回来做好准备，真可谓大迂回，大包围，大歼灭！这是一步险棋，也是一步好棋。

要说明的是，"大迂回"的思路最初由我校谢紫杉同学设计，本文在其最初的框架上修改而成，这里要感谢谢紫杉的奇思妙构，故而共同署名。

6. 强化练习

近几年，人脸识别、VR、大数据、人工智能等新技术飞速发展，使用这些技术已经成为潮流。科技潮流给很大一部分人带来了便捷和乐趣：科普爱好者穿梭在各种专业网站之间获取知识、分享智慧；卖瓜菜的小摊贩们都在各自摊位前贴上二维码，无现金交易方便省事；有的老年人戴上VR眼镜玩无人机航拍，享受新时代的退休生活……然而，科技潮流也给一小部分人带来了困难：有些老年人在自助银行里无所适从，或者因为不会下载手机App而无法预约挂号……

以上材料引发了你怎样的联想和思考？请以"潮流中的多数与少数"为题，联系现实生活，自选角度，写一篇议论文。

要求：论点明确，论据充实，论证合理；语言流畅，书写清晰。

附　录　作文素材"压缩包"

在多年的教学中，我逐渐发现一些好用而又不庸俗的写作素材，既包括一些经典事例，也包括一些名人名言，还有一些对经典问题的经典观点。我将其归纳整理，融会贯通，形成一篇文章，名曰《中国文化与中国人》。我希望以一种流畅、简约的形式，将一个超大的素材"压缩包"送给大家。为了使"压缩包"切实有用，我建议做如下工作：

（1）为本文所用的典故、所引的名言做一个全面的注解。
（2）勾画本文中的观点句，发挥拓展，写点札记。
（3）写作练习时，有意就其中的素材加以运用。
（4）常常诵读，感受词句，融汇于心。

中国文化与中国人

东海钓叟

上篇

中国文化，是一种具有辩证性的文化。

譬如古老的经典《周易》，即有"乾""坤"两卦。"乾"道教人"自强不息"，"坤"道教人"厚德载物"。所谓乾之道，就是勤敏之道。治学要"敏而好学，不耻下问"；处世要"讷于言而敏于行"；为官要"先之，劳之，无倦"。"君子终日乾乾，夕惕若"，勤勉自强的精神，小可以立身，大可以保国。所谓坤之道，则是涵容之道。"海纳百川，有容乃大"。于人，能"和而不同"，进而成人之美；于文化，能兼容并蓄，融汇创新。天地之道，在乾与坤；人文之道，在刚与柔。

进而又有儒家"进取"的文化与道家"退守"的文化。有文质彬彬、明礼修身的君子人格，也有风雅不羁、浪漫随性的诗性人格。因此，有"知其不可而为之"为天下生民奔走一生的孔子，也有"知天下事不可为"骑青牛而出关的老子；有为民请命、干犯君颜的海瑞，舍身为国、以死抗贼的颜杲卿，也有归隐田园、潇洒一生的陶渊明。更有苏东坡这样的智者，"达则兼济天下，穷则独善其身"。倘若身居庙堂，自能纵展才华，造福百姓；倘若退居山林市井，也能诗酒自娱，将家常生活过成美学。因此，荷尔德琳所谓"诗意地栖居"，早已为中国文人所先行了。

中国文化，又有雅文化，有俗文化。雅文化，琴棋书画，经史诗词是也；俗文化，花鸟鱼虫，民俗曲艺是也。有雅文化，故而高深；有俗文化，故而广大。雅俗并见，高下互通，都有他的"讲究"与"门道"，因此，无论是阳春白雪还是下里巴人，皆可怡情养性，使中国的文人墨客、贩夫走卒沉浸其中，享受乐趣。正如梁启超说的，人生当"拿趣味做人生的根底"。

纵观世界，中国是四大古文明中唯一至今尚鲜活者。此鲜活，又有赖于"通变"的特质。《文心雕龙》说"变则其久，通则不乏"。"通"，是继承性；"变"，则是创新性。譬如儒学，孔子删述《六经》，汉唐学者谨守"师法""家法"，到宋明之间，理学家与心学家的探讨，一方面谨守先贤之宏旨，一方面又有时代性之阐发。这种治学的传统，使中国人在面对文化冲击的时候，既有坚守，又有变通；既不背离文化底色，也不落伍于时代潮流。"世界大势，浩浩汤汤。顺之者昌，逆之者亡。"守住根脉，故而能"活"；勇于创新，故而能"鲜"。这正是中华文明一枝独秀、傲然世界，至今尚生机勃勃的奥秘。

有学者说，西方文明是海洋文明，中国文明是陆地文明。我不这样看，中华文明于二者乃是兼而有之。中国自古以农业立国，固然着染农桑耕织、自给自足的底色，但我们从未停止远方的探索。且不说《穆天子传》对异域的畅想，单说一条海上丝绸之路，便连接了亚欧非诸多文明。我们稳重又活泼，内敛又开放。若说中华文明与西方文明的真正区别，那就是中华文明是崇尚和平、崇尚大同的文明。随着郑和宝船七下南洋的，不是大炮与资本的侵略，而是天下大同、万邦协和的"中国梦"。

所以，我们大可不必再说什么怀着文化的自卑，再来提什么"全盘西化"。而应该满怀文化的自信，挺立于世界民族之林。钱穆先生曾说，我们要怀着"温情与敬意"来看待我们的历史。一个不爱本民族历史的人，是没有根的人；一个不珍惜传统文化的民族，是没有未来的民族。传统文化，永远在潜移默化地滋养我们，赠给我们智慧，赐予我们力量，抵御网络时代的价值真空，使我们在面对时代的风雨变幻时能够稳如磐石，应对自如。

下篇

中国文化，重修德，重养心。《大学》有"修齐治平"之说，"平天下"是终极目标，"修身"是万事根本。所谓"一是皆以修身为本"。

文天祥在《正气歌》里说："天地有正气，杂然赋流形。"人禀赋天地之气，生于人世之间，难免受尘俗之沾染，物欲之侵扰，遂有境界高下之分。哲学家冯友兰在《人生的境界》中把人生境界分为四个等级——自然境界，功利境界，道德境界，天地境界。读书人修身治学，正是要摆脱自然境界，超脱功利境界，践行道德境界，通达天地境界。与天地合德,"独与天地精神往来",做立于天地之间大写的"人"。

所以,陈寅恪先生在纪念王国维的碑文里,特标举"独立之精神,自由之思想",以此为后来者的精神标的。倘若精神倒伏,意志萎靡,做了勒庞笔下的"乌合之众",人生又与草木何异呢?孔子说"君子去仁,恶乎成名?",康德也曾将"道德律"与"头上的星空"并举。一个人的情操与品德,不仅是我们立身于世的根本,更是我们生而为人的高贵处。

如今虽然是商业的时代,经济的社会,但德行不可弃,修养不可毁。西方经济学家亚当·斯密,不仅有《国富论》,更有《道德情操论》,可见人类不仅是经济人,更是道德人。古今中外的智者,莫不做如此想。中国人重家训家书,其间上至《颜氏家训》,下至《曾国藩家书》,无不看重德行与为人,在一言一行、一举一动中规训子弟,终至形成独特的中华家风文化。

对于修身养德,哲人有更深刻的思考。苏轼说:"人生如逆旅,我亦是行人。"人生匆匆,固有一死。如何使这有限的生命成就永恒的价值?《左传》提出了"三不朽"——立德、立功、立言;而司马迁则有"重于泰山"的比喻。我想,人生价值的永恒,不在于生命的长短;人生意义的轻重,也不在于社会地位的高低。譬如杜甫、陆游这一干文人,虽然一介微官,甚至奔走江湖,但却用一篇篇诗作,一行行文字,记录一代读书人的风骨与胸怀,为我们留下了永恒的精神坐标。

归根结底,文化者,人之文化;文明者,人之文明。国家的兴衰,文明的成败,根本上维系于人的努力。这就是"修齐治平"的底层逻辑。鲁迅先生说:"我们从古以来,就有埋头苦干的人,有拼命硬干的人,有为民请命的人,有舍身求法的人……这就是中国的脊梁。"五千年来，正是那些"仁以为己任"的仁人志士，传承了中华的文脉，保全了华夏的种族。

北宋张载说"为天地立心，为生民立命，为往圣继绝学，为万世开太平。"读书人当以此为人生的志向。因此，我们的历史上，有弘扬道义者如孔子，有保全高洁者如屈原，有捍卫使命者如苏武，有弘扬儒学者如韩愈，有心忧天下者如范仲淹，有誓死报国者如文天祥，有不忘故国者如顾炎武，有不畏外侮者如林则徐……更有在近代民族解放斗争中，奉献生命的革命者们，"苟利国家生死以，岂因祸福避趋之"。

今天的青年人，更应该奋发有为，投身时代的洪流，为国家、民族的发展做出自己的贡献，而拒绝做钱理群教授所哀叹的"精致的利己主义者"。

鲁迅先生说："愿中国青年都摆脱冷气，只是向上走，不必听自暴自弃者流的话。能做事的做事，能发声的发声。有一分热，发一分光，就令萤火一般，也可以在黑暗里发一点光。"纵观历史，只有将自身的成长与时代的发展结合起来，才能实现更大的人生价值，才能不负一生。这就是个人成长与时代进步的辩证法。

《中国文化与中国人》素材注解

人大附中 2024 届　李首赫

上篇

1.《易经》共有六十四卦，开头两卦分别是乾卦和坤卦，乾为天，坤为地。

《乾卦》："天行健，君子以自强不息。"天体的运行刚健不已，君子由此领悟到要自强不息。乾卦的智慧就是自强不息，锐意进取，顽强拼搏，不断努力，不断精进。有这种精神和智慧的人，他的命运应该不会差到哪里去。

《乾卦》："地势坤，君子以厚德载物。"大地的形势宽厚和顺，君子由此领悟到要培植深厚的道德来承载万事万物。大地承载一切物质，不论是洁净的，还是污秽的。好比莲花，它也能够从污泥中吸收营养，然后能出淤泥而不染，它并不排斥淤泥。

2. "敏而好学，不耻下问"：语出《论语》。意思是不以向地位、学问比自己低的人请教为耻，形容人谦虚好学。

3. "讷于言而敏于行"：语出《论语》。意思是君子说话要谨慎，而行动要勤敏。

4. "先之，劳之，无倦"：语出《论语》。意思是做官先要身体力行带好头，为国家、百姓而操劳，不要倦怠。

5. "君子终日乾乾，夕惕若，厉无咎"：语出《周易·乾卦》。君子从早到晚要勤勉努力，始终保持谨慎，最终不会有灾难。

6. "海纳百川，有容乃大；壁立千仞，无欲则刚"，此联为清末政治家林则徐任两广总督时在总督府衙题书的堂联。意为：大海因为有宽广的度量才容纳了成百上千条河流，高山因为没有钩心斗角的世俗纷繁之欲望才如此挺拔。

7. 说到自强不息的人，不得不提到孔子。他弟子三千，优秀弟子有七十二人。他学而不厌，诲人不倦，教育起弟子来，从来不知疲倦。他明明知道自己的学术和主张并不能让各诸侯国采用，然而他还是知其不可为而为之，能做到多少是多少。

8. 老子的理论：

辩证思想：老子认为世界上的任何事物都是相比较而存在的。美丑、善恶、有无、难易、长短都是相互依存的，有此才有彼，有是才有非，有善才有恶。表面看来，两个方面是相互对立的，而实际上又是相互包含、相互渗透的。"祸兮，福之所倚；福兮，祸之所伏。"任何事物都是你中有我，我中有你，任何事物都不是一成不变的。

　　社会理论：从无为的原则出发，老子反对人之有为，因为有为破坏了人的原始的自然淳朴，造成了人格的分裂，带来了虚伪、狡诈、贪欲、罪恶等种种社会丑恶现象。"大道废，有仁义；慧智出，有大伪；六亲不和，有孝慈；国家昏乱，有忠臣。"天下有道，一切都自然而然。不标榜仁义，而自有仁义。等到以仁义相标榜，则意味着仁义已不复存在。由此老子提出"绝智弃辩""绝巧弃利"，主张"小国寡民，使民有什伯之器而不用"，"虽有舟舆，无所乘之；虽有甲兵，无所陈之；使人复结绳而用之"。这是一种复古思想。

　　9. 明世宗朱厚熜晚年，不在朝堂处理政务，深居西苑，专心设坛求福。总督、巡抚等封疆大吏争着向皇帝贡献有祥瑞征兆的物品，礼官总是上表致贺。朝廷大臣自杨最、杨爵获罪以后，没有人敢说时政。嘉靖四十五年（1566年）二月初一，海瑞在棺材铺里买好了棺材，并且将自己的家人托付给了一个朋友。然后向明世宗呈上《治安疏》，批评世宗迷信巫术、生活奢华、不理朝政等弊端。"君道不正，臣职不明，此天下第一事也。于此不言，更复何言？"

　　10. 颜杲卿初任范阳户曹参军，曾是安禄山的部下。安史之乱时，与其子颜季明守常山，从弟颜真卿守平原，设计杀安禄山部将李钦凑，擒高邈、何千年。河北有十七郡响应，受唐玄宗嘉许。天宝十五年（756年），叛军围攻常山，擒杀颜季明。不久城破，颜杲卿被押到洛阳。他瞋目怒骂安禄山，最终遇害，年六十五。乾元元年（758年），获赠太子太保，谥号"忠节"。颜杲卿忠节不屈的精神广为后世所称颂，文天祥《正气歌》便有言："为张睢阳齿，为颜常山舌。"

11. 德国诗人荷尔德琳诗作：

    如果人生纯属辛苦，人就会

    仰天而问：难道我

    所求太多以致无法生存？是的，只要良善

    和纯真尚与人心相伴，他就会欣喜地拿神性

    来度测自己。神莫测而不可知？

    神湛若青天？

    我宁愿相信后者，这是人的尺规。

    人充满劳绩，但还

    诗意地安居于这块大地上，我真想证明，

    就连璀璨的星空也不比人纯洁，

    人被称作神明的形象。

    大地之上可有尺规？

    绝无。

12. **趣味主义**：梁启超说"人生要以趣味为根底"。

13. **"变则其久，通则不乏"**：语出《文心雕龙·通变》。句意：变于古（创新）才能长久，通于今（继承）才能不乏。《通变》从"通"和"变"的辩证关系来论述文学的继承与革新不可偏废，这是正确的。针对当时的创作倾向，提出了矫正时弊的主张。刘勰在探讨文学的发展时，发现了文学自身发展的规律，即由质到文的必然性。因此他主张要克服形式主义倾向，不能用否定文学的基本特征、不许文学发展的方法，而只能顺其规律加以引导。其基本办法就是讲"通变"。

14. **孔子删述《六经》以明道**。

    孔子述《六经》，惧繁文之乱天下，惟简之而不得，使天下务去其文以求其实，非以文教之也。《春秋》以后，繁文益盛，天下益乱。始皇焚书得罪，是出于私意，又不合焚《六经》。若当时志在明道，其诸反经叛理之说，悉取而焚之，亦正暗合删述之意。

——王阳明

15. 汉代太学的教育，有一定的师弟传授关系。为了确保师师相传的经说不致"走样"，促成政治思想的高度统一，汉代统治者规定传授经书必须信守师法与家法。所谓师法，是指传经时以汉初立博士的经师的经说为准绳，例如《春秋公羊传》就以董仲舒所传的经说为师法，后来，大师的弟子们在传经时，又有所发展，形成一家之言，这就叫家法。例如东汉就有"颜氏公羊"与"严氏公羊"两大家。先有师法，然后才有家法，师法是源，家法是流，一般说来，西汉重师法，东汉重家法。

16. 在理学内部，又有程朱理学和陆王心学之争，一个认为"性即理"，一个认为"心即理"；一个深沉博大，持敬穷理，一个超然峻拔，直指本心。

朱熹强调"理即物"，就是认为理是产生万物的根源，心具众理而应万物。肯定事物不是在人的心中，理才是事物存在的根源，所以理是第一性的。但是心与理既有联系，又有区别，因此心是认识的主体，理是本体。

陆九渊强调"心即理"，就是认为吾心即宇宙，宇宙即吾心。事物之理原本存在人心之内，即万物了然于方寸之间，心是第一性的，天理是离不开人心的。因此心理合一，心既是认识的主体，又是本体，故以心统一主体与客体。

17.《穆天子传》是西周时期的典籍，记载了许多光怪陆离、虚实不清的异域国家。

18. 古代海上丝绸之路起点是中国东南沿海，经过中南半岛诸国和南海诸国，穿过印度洋，进入红海，抵达非洲和欧洲，成为中国与外国贸易往来和文化交流的海上大通道，并推动了沿线各国的共同发展。通过海上丝绸之路，中国还传播着民族工艺和儒道思想，对"海上丝路"沿线国家和地区以及欧洲各地产生不同程度的影响，甚至掀起了"中国热"。其中，瓷器和茶叶对世界有着很大的影响。历史证明，由海上丝绸之路带动的不同文化的交流碰撞，推动了世界的进步和发展，国际化视野的开放交流也因此成为世界发展的思想共识。

19. 《国史大纲》在引论之前，钱穆先生特地提醒读者，"凡读本书请先具下列诸信念"：

一、当信任何一国之国民，尤其是自称知识在水平线以上之国民，对其本国已往历史，应该略有所知。

二、所谓对其本国已往历史略有所知者，尤必附随一种对其本国以往历史之温情与敬意。

三、所谓对其本国已往历史有一种温情与敬意，至少不会对其本国已往历史抱一种偏激的虚无主义，亦至少不会感到现在我们是站在已往历史最高之顶点，而将我们当身种种罪恶与弱点，一切诿卸于古人。

四、当信每一国家必待其国民备具上列诸条件者比数渐多，其国家乃再有向前发展之希望。

下篇

1. 修齐治平：

古之欲明明德于天下者，先治其国。欲治其国者，先齐其家。欲齐其家者，先修其身。欲修其身者，先正其心。欲正其心者，先诚其意。欲诚其意者，先致其知。致知在格物，物格而后知至，知至而后意诚，意诚而后心正，心正而后身修，身修而后家齐，家齐而后国治，国治而后天下平。自天子以至于庶人，一是皆以修身为本。

——《礼记·大学》

2. "天地有正气，杂然赋流形"：天地之间有一股堂堂正气，它赋予万物而变化为各种体形。

正气歌

文天祥

天地有正气，杂然赋流形。下则为河岳，上则为日星。于人曰浩然，沛乎塞苍冥。皇路当清夷，含和吐明庭。时穷节乃见，一一垂丹青。在齐太史简，在晋董狐笔。在秦张良椎，在汉苏武节。为严将军头，为嵇侍中血。为张睢阳齿，为颜常山舌。或为辽东帽，清操厉冰雪。或为《出师表》，鬼神泣壮烈。或为渡江楫，慷慨吞胡羯。或为击贼笏，逆竖头破裂。是气所磅礴，凛烈万古存。当其贯日月，生死安足论。地维赖以立，天柱赖以尊。三纲实系命，道义为之根。嗟予遘阳九，隶也实不力。楚囚缨其冠，传车送穷北。鼎镬甘如饴，求之不可得。阴房阒鬼火，春院闭天黑。牛骥同一皂，鸡栖凤凰食。一朝濛雾露，分作沟中瘠。如此再寒暑，百沴自辟易。嗟哉沮洳场，为我安乐国。岂有他缪巧，阴阳不能贼。顾此耿耿在，仰视浮云白。悠悠我心悲，苍天曷有极。哲人日已远，典刑在夙昔。风檐展书读，古道照颜色。

3. 《人生的境界》：

一个人做事，可能只是顺着他的本能或其社会的风俗习惯。就像小孩和原始人那样，他做他所做的事，然而并无觉解，或不甚觉解。这样，他所做的事，对于他就没有意义，或很少意义。他的人生境界，就是我所说的自然境界。

一个人可能意识到他自己，为自己而做各种事。这并不意味着他必然是不道德的人。他可以做些事，其后果有利于他人，其动机则是利己的。所以他所做的各种事，对于他，有功利的意义。他的人生境界，就是我所说的功利境界。

还有的人，可能了解到社会的存在，他是社会的一员。这个社会是一个整体，他是这个整体的一部分。有这种觉解，他就为社会的利益做各种事，或如儒家所说，他做事是为了"正其义不谋其利"。他真正是有道德的人，他所做的都是符合严格的道德意义的道德行为。他所做的各种事都有道德的意义。所以他的人生境界，是我所说的道德境界。

最后，一个人可能了解到超乎社会整体之上，还有一个更大的整体，即宇宙。他不仅是社会的一员，同时还是宇宙的一员。他是社会组织的公民，同时还是孟子所说的"天民"。有这种觉解，他就为宇宙的利益而做各种事。他了解他所做的事的意义，自觉他正在做他所做的事。这种觉解为他构成了最高的人生境界，就是我所说的天地境界。

4. "自由之思想，独立之精神"：

王国维纪念碑碑文

陈寅恪

海宁王先生自沉后二年，清华研究院同人咸怀思不能自已。其弟子受先生之陶冶煦育者有年，尤思有以永其念。佥曰："宜铭之贞珉，以昭示于无竟。"因以刻石之词命寅恪，数辞不获已，谨举先生之志事，以普告天下后世。其词曰：

士之读书治学，盖将以脱心志于俗谛之桎梏，真理因得以发扬。思想而不自由，毋宁死耳。斯古今仁圣所同殉之精义，夫岂庸鄙之敢望？先生以一死见其独立自由之意志，非所论于一人之恩怨，一姓之兴亡。呜呼！树兹石于讲舍，系哀思而不忘。表哲人之奇节，诉真宰之茫茫。来世不可知者也。先生之著述，或有时而不章；先生之学说，或有时而可商，惟此独立之精神，自由之思想，历千万祀，与天壤而同久，共三光而永光。

　　5. 乌合之众：在群体中，人们往往会失去独立判断和批判精神，容易被情绪化和非理性的行为所驱动。这种现象在现代社会依然普遍可见。出自古斯塔夫·勒庞《乌合之众》。

　　6. "君子去仁，恶乎成名"：语出《论语·里仁》，意思是君子离不开仁德。

　　7. 康德："位我上者，灿烂星空；道德律令，在我心中。"语出康德《纯粹理性批判》。

　　8.《道德情操论》：第一篇指出同情、同情心是人类天赋的本性之一，情感互动构成社会生活天然的、不可或缺的组成部分。第二篇中谈到对优点和缺点的感觉。第三篇阐述了人们评判自己的情感和行为的基础，兼论责任感。第四篇阐述了效用对赞同情感的作用。第五篇描述了习惯和风气对有关道德赞同和不赞同情感的影响。第六篇阐述有关美德的品质。第一，它对那个人自己幸福所能产生的影响。第二，它对其他人的幸福所能产生的影响。第七篇则论道德哲学体系。

　　9.《颜氏家训》：颜之推记述个人经历、思想、学识以告诫子孙的著作。

　　10.《曾国藩家书》：曾国藩的家信集，以儒家传统价值观为底色，谈及治国、治家、求学、修身、养生等内容。

11. "人生如逆旅,我亦是行人":人生在世就好像住旅舍一般,我也包括在旅行者里边。既然人人都是天地间的过客,就不必计较眼前聚散和江南江北了。语出苏轼《临江仙·送钱穆父》。

12. 三不朽:"太上有立德,其次有立功,其次有立言。""立德"指道德操守而言,"立功"乃指事功业绩,而"立言"指的是把真知灼见形诸语言文字,著书立说,传于后世。

13. 重于泰山:"人固有一死,或重于泰山,或轻于鸿毛。"语出司马迁《报任少卿书》。

14. "我们从古以来,就有埋头苦干的人,有拼命硬干的人,有为民请命的人,有舍身求法的人……这就是中国的脊梁":语出鲁迅《中国人失掉自信力了吗》。

15. 张载,世称横渠先生,"横渠四句教":"为天地立心,为生民立命,为往圣继绝学,为万世开太平。"

16. 苏武出使匈奴被扣,拒降,十九年持汉节不释,最后胜利返国。

17. 由于唐代没有把儒学放在独尊的地位,因此到了中唐,儒学日渐衰落。韩愈生活在"安史之乱"后的中唐时期,那时佛教泛滥,道教盛行,作为封建社会精神支柱的儒家思想反而被削弱了。从政治、经济、思想等各方面来说,唐王朝的统治开始动摇了。为了重振儒术,恢复儒学独尊的地位,韩愈树起了维护儒家道统的旗号。在教育领域中,他要求教育要明"先王之教",通过接受教育,使人们明白"学所以为道"的教育目的。"道"即儒家仁义之道,也就是"先王之教"。这种"先王之教",便是韩愈所主张的教育内容。

18. 范仲淹《岳阳楼记》:"嗟夫!予尝求古仁人之心,或异二者之为。何哉?不以物喜,不以己悲。居庙堂之高,则忧其民;处江湖之远,则忧其君。是进亦忧,退亦忧。然则何时而乐耶?其必曰:先天下之忧而忧，后天下之乐而乐乎。噫！微斯人，吾谁与归？"

19. 明清之际的思想家顾炎武是一位很有骨气的人，他曾出生入死地从事抗清斗争，以恢复山河为志向。清朝统一中国后他坚持不合作的态度，多次拒绝清政府的威逼利诱，不出来做官，致力于研究学问，多有建树。

据说，有个官僚地主叶方恒，看中了顾炎武的家产，便卑鄙地唆使别人诬告顾炎武有"通海"的罪，说他同沿海抗清力量相勾结，图谋推翻清王朝。顾炎武被抓了起来。顾炎武的亲朋好友闻讯后，立即四处奔走，多方营救。好友归庄为此求救于当时的降清官僚钱谦益，钱知道顾炎武是当时的有名学者，企图借此沽名钓誉，便说："救他不难，只要他送我一张门生帖子，拜我为师就行了。"归庄深知顾炎武的为人，决不肯屈节求生，但事到此时也只得从权，便悄悄地代写了一张门生帖子，送给钱谦益。果然，顾炎武很快便被保释了。顾炎武出狱后，知道了事情的原委，脸都变色了，觉得拜钱谦益这个汉奸官僚为师太侮辱自己了，便对归庄说："一定要把门生帖子要回来。要不回来，我就在大街上贴通告，声明并没这件事。"由于顾炎武坚持，后来钱谦益只好交还了这张门生帖子，顾炎武的气节，因此而更为时人所景仰了。

20. 林则徐1839年受命为钦差大臣赴广东查办"海口事件"，他与邓廷桢、关天培严禁鸦片。虎门销烟是人类历史上旷古未有的销毁毒品的伟大壮举。它伸张了中华民族的浩然正气，向全世界表明了中国人民反抗外来侵略的坚强意志，在中国近代史和世界禁毒史上写下了光辉的篇章。

21. 钱理群："我们的一些大学，包括北京大学，正在培养一些'精致的利己主义者'，他们高智商，世俗，老道，善于表演，懂得配合，更善于利用体制达到自己的目的。这种人一旦掌握权力，比一般的贪官污吏危害更大。"

22. 鲁迅《热风·随感录四十一》："愿中国青年都摆脱冷气，只是向上走，不必听自暴自弃者流的话。能做事的做事，能发声的发声。有一分热，发一分光，就令萤火一般，也可以在黑暗里发一点光，不必等候炬火。"

图书在版编目（CIP）数据

写好议论文：人大附中名师亲笔范文与讲评 / 王强著 . -- 北京：中国人民大学出版社，2025.2. -- ISBN 978-7-300-33447-9

Ⅰ．G634.343

中国国家版本馆 CIP 数据核字第 2024JD5383 号

写好议论文
人大附中名师亲笔范文与讲评
王　强　著
Xiehao Yilunwen

出版发行	中国人民大学出版社		
社　　址	北京中关村大街 31 号	邮政编码	100080
电　　话	010-62511242（总编室）	010-62511770（质管部）	
	010-82501766（邮购部）	010-62514148（门市部）	
	010-62515195（发行公司）	010-62515275（盗版举报）	
网　　址	http://www.crup.com.cn		
经　　销	新华书店		
印　　刷	北京宏伟双华印刷有限公司		
开　　本	720 mm×1000 mm　1/16	版　次	2025 年 2 月第 1 版
印　　张	18 插页 1	印　次	2025 年 4 月第 3 次印刷
字　　数	219 000	定　价	59.00 元

版权所有　　侵权必究　　印装差错　　负责调换